KLARTEXT

Bildnachweis:
Imago: /Steffen Kuttner S. 4/5; /Dennis Hetzschold S. 6/7, 70/71, 111; /Robert Michael S. 12, 34, 107, 114, 115; /Werner Schulze S. 24, 29, 30, 31, 39, 47, 48, 49; /Hainer Michael S. 27, 32/33; /ZUMA Press/Keystone S. 40; /Fred Joch S. 41; /Horstmüller S. 42, 79; /Kicker/Eissner S. 43, 72/73 Mitte, 74 r.; /Ferdi Hartung S. 57; /Sportfoto Rudel S. 60; /Kruczynski S. 63, /Camera 4 S. 65, 66, 68, 69, 86; /Norbert Schmidt S. 72 l., 73 r.; /teutopress S. 74 l.; /Dehli-News S. 75, 76; /Dehlis S. 77, 90, 94; /Höhne S. 83; /Rust S. 85, 88, 89; /Contrast S. 98; /Dennis Hetzschold S. 99; /jmfoto S. 102; /Eisele S. 105; /Fotostand S. 109
dpa picture alliance: /CTK Photo S. 15; /Berliner Verlag S. 17

Bibliografische Information der Deutschen Nationalbibliothek
Die Deutsche Nationalbibliothek verzeichnet diese Publikation in der Deutschen Nationalbibliografie; detaillierte bibliografische Daten sind im Internet über portal.dnb.de abrufbar.

Impressum
1. Auflage Mai 2022
Redaktion: Dominik Hamers
Layout und Satz: Joachim Bartels
Umschlaggestaltung: Guido Klütsch, Köln
Umschlagabbildungen: Imago: /Eisenhuth, /Robert Michael; dpa picture-alliance/ZB; Bundesarchiv, Bild 183-1990-0602-009 / Settnik, Bernd / CC-BY-SA 3.0
Druck und Bindung: Linsen Druckcenter GmbH, Siemensstraße 12–14, 47533 Kleve

ISBN 978-3-8375-2463-5

KLARTEXT

Jakob Funke Medien Beteiligungs GmbH & Co. KG
Jakob-Funke-Platz 1, 45127 Essen
info.klartext@funkemedien.de
www.klartext-verlag.de

Eric Spannaus

Dynamo Dresden

Populäre Irrtümer
und andere Wahrheiten

Inhalt

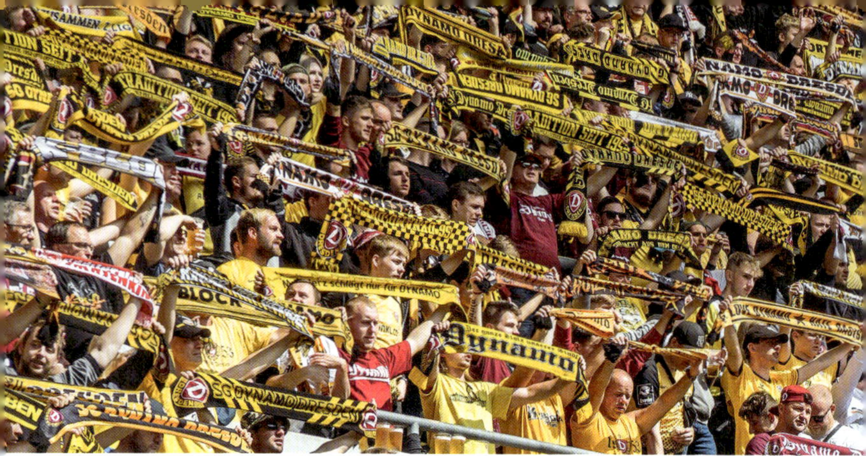

Zum Geleit

In der familiären Gemeinschaft der Fußballvereine ist die SG Dynamo Dresden die durchgeknallte Tante.

Sie versteht es zu feiern und die Menge aufzuwecken. Langeweile mit der Tante? Fehlanzeige! Sie war immer besonders, und das genoss sie sehr. In ihrer Jugend wurde sie sogar nach Turin, Amsterdam oder Lissabon eingeladen.

Als sich die Welt schneller zu drehen begann und im ersten Moment bunter wurde, veränderte sich auch der Blick der Tante auf sie. Zum ersten Mal hatte sie etwas Geld in den Händen. Sie ließ sich von eigenartigen Partnern begleiten, die sich in ihrem Licht sonnten und sie dabei finanziell ausnahmen.

Es folgte der Absturz.

Erst langsam und schleichend, dann sichtbar, irgendwann nicht mehr ignorierbar. Im neuen Jahrtausend war der Lack endgültig ab, und so tanzte die Tante zwei Jahre lang

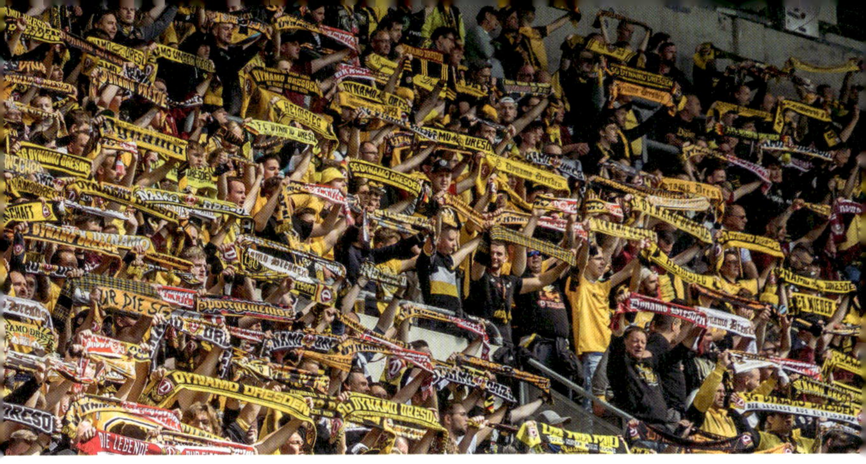

mit leeren Taschen auf Dorffesten in Sondershausen oder Neugersdorf. Ohne Lametta. Die eigenartigen Partner genossen das Licht anderer Damen.

Auf die Dorffeste gehörte sie nun wirklich nicht. Sie schüttelte sich und stand wieder auf. Nebenbei noch immer ein wenig von der großen weiten Welt träumend, lud sie sich währenddessen Leverkusen, Gelsenkirchen oder Leipzig in ihren Tempel ein. Die waren zwar nicht Barcelona oder Rom, aber auch nicht mehr Nordhausen. Die Geschichte der verrückten Tante war nicht mehr glamourös, aber immer noch besonders.

Dieses Buch ist eine Hommage auf den Mythos der SG Dynamo Dresden, mit Irrtümern, die populär wurden und damit zumindest „wahr" erschienen und mit anderen Wahrheiten, die in Vergessenheit gerieten.

Ein Kind des DSC?

Die Gründungsgeschichte Dynamo Dresdens ist nicht so malerisch, wie es die Selbstwahrnehmung des Traditionsvereins vermuten lässt. Während anderorts Freunde der gemeinsamen „Fußlümmelei" frönten und anschließend beim Bier zusammensaßen, um ihr Hobby im Verein auszuleben, so war die Gründung der SG Dynamo Dresden unromantisch.

Als Keimquelle des Vereins kann die Sportvereinigung Deutsche Volkspolizei Dresden gesehen werden, die seit 1948 in der Stadtliga Dresden spielte. Um ein Verständnis für das Folgende entwickeln zu können, sollte ein Blick zurück ins staubige Archiv der Geschichte geworfen werden.

In der Saison 1949/50 wurde die erste Fußballmeisterschaft der DDR im System einer Liga ausgespielt. 14 Mannschaften waren in dieser Oberliga vertreten, unter ihnen die ein Jahr zuvor gegründete Zentralsportgemeinschaft Horch Zwickau und die SG Dresden-Friedrichstadt, die in der Bevölkerung als legitimer Nachfolger des beliebten Dresdner SC galt. Am allerletzten Spieltag, dem 16. April 1950, stieg am letzten Spieltag das große Endspiel zwischen den beiden punktgleichen Tabellenführern.

Das Dresdner Heinz-Steyer-Stadion war völlig überfüllt. Mehr als 50.000 Zuschauer wollten dabei sein, wenn der erste Meister einer ganzen Saison gekürt werden würde. Um dem Andrang der Fans Herr zu werden, wurden sogar auf der Aschenbahn rund um das Spielfeld provisorische Sitzplätze geschaffen.

Beim Spiel anwesend war die Politprominenz um SED-Parteichef Walter Ulbricht. Während bei den populären Dresdnern mehrere Spieler aufliefen, die in den Kriegsjahren mit dem Dresdner SC 1940 und 1941 Pokalsieger geworden waren und 1943 sowie 1944 die Deutsche Meisterschaft gefeiert hatten, galt die Zwickauer Betriebsmannschaft als unbelastet.

In einem hoch emotionalen Endspiel fielen mehrere merkwürdige Schiedsrichterentscheidungen. Zusätzlich spielten die

Friedrichstädter bereits ab der 12. Minute in Unterzahl, als sich ein Spieler verletzte und das Feld verlassen musste. Auswechslungen gab es zu dieser Zeit noch nicht.

Das Spiel endete mit 5:1 für die Zwickauer. Innerhalb der Dresdner Fangemeinde wurden bereits während des Spieles Manipulationsvorwürfe geäußert. Ausschreitungen, mehrere Platzstürme und Spielunterbrechungen sorgten dafür, dass anschließend die Heimspielstätte der Friedrichstädter für sechs Monate gesperrt wurde. Des Weiteren gab es konkrete Pläne, die SG Dresden-Friedrichstadt als Nachfolger des Dresdner SC aufzulösen und an einen anderen Dresdner Verein anzugliedern.

Das war zu viel für die Mannschaft, die sich daraufhin zu großen Teilen in den Westteil Berlins oder auch nach Heidelberg absetzte. Dresden hatte über Nacht seinen Vizemeister verloren und stand ohne Oberligamannschaft da.

Um den spürbaren Zorn der Fans zu bändigen, benötigte Dresden sofortigen Ersatz. Der SV Deutsche Volkspolizei Dresden wurde mit ihren bestehenden Strukturen zugetraut, diese Rolle zu übernehmen. Sie wurde daher ohne jegliche Qualifikation auf den frei gewordenen Platz der SG Dresden-Friedrichstadt in die Oberliga versetzt.

Doch damit nicht genug. Wenn Fußballfunktionäre eingriffen, dann richtig. Aus vor der Saison festgelegten drei Absteigern wurden nachträglich zwei. Die ZSG Altenburg setzte sich in einem Entscheidungsspiel um den Klassenerhalt gegen die punktgleiche Mannschaft von Anker Wismar durch und verblieb in der Oberliga. Zusätzlich wurde das Teilnehmerfeld, um die Hauptstadt zu stärken, mit den drei Berliner Mannschaften VfB Pankow, SG Lichtenberg 47 sowie Union Oberschöneweide erweitert. Dazu kamen noch drei reguläre Aufsteiger. Unter ihnen befand sich mit dem BSG Sachsenverlag Dresden völlig unerwartet ein zweites Dresdner Team. Zur neuen Saison waren 18 Mannschaften in der Oberliga vertreten.

Um die SV Deutsche Volkspolizei Dresden für die anstehende Oberligasaison wettbewerbsfähig zu formen, mussten Spieler gefunden werden, die in der höchsten Spielklasse mithalten konnten. In einer Art Casting, in der 40 Spieler aus allen Volkspolizeimannschaften der DDR vorspielten, wurden 17 Spieler ausgewählt. Sie kamen unter anderem aus Potsdam, Greifswald, Leipzig oder auch Altenburg. Ihnen bot sich die Möglichkeit, statt zweit- oder gar drittklassig nun in der Oberliga zu spielen.

Das fußballbegeisterte Dresden nahm die neue Mannschaft gut an, und Trainer Fritz Sack hatte mit seinem Assistenten Paul Döring bei der Auswahl der Spieler ein gutes Händchen bewiesen.

Der 1948 in der Stadtliga Dresden ausgesetzte Keim gedieh prächtig. Gleich das erste Punktspiel gewannen die Volkspolizisten in grün-weißer Spielkleidung mit 2:0 bei Lok Stendal. Das erste Heimspiel gegen Aktivist Brieske Ost verfolgten im Heinz-Steyer-Stadion bereits 15.000 Zuschauer. Die SG Dresden-Friedrichstadt war nicht vergessen, aber die neue Mannschaft erarbeitete sich rasch den Respekt der Fußballfans.

Am Ende der Saison belegten die Volkspolizisten einen guten vierten Platz. Günter „Moppel“ Schröter schoss 32 Saisontore, was aber nicht ganz zum Torschützenkönig reichte. Neben ihm wurden die Neudresdner Herbert Schoen und Johannes Matzen Nationalspieler.

Neuer Name, neuer Verein?

Die Saat war aufgegangen: Im zweiten Oberligajahr wurden die Volkspolizisten bereits Vizemeister. Vier Punkte fehlten auf Meister Turbine Halle. Im Dresdner Stadtduell beglückte Kapitän Johannes Matzen die 50 000 Zuschauer mit zwei Toren.

Am 14. September 1952 konnten die Spieler unter Trainer Paul Döring, der Fritz Sack abgelöst hatte, mit dem Gewinn des FDGB-Pokals den ersten Titel feiern. Aus Lok Stendal, dem eigentlichen Endspielgegner, wurde am Vorabend am Grünen Tisch plötzlich Einheit Pankow. Einheit Pankow war die Mannschaft, die zwei Jahre nacheinander abgeschlagen Letzter in der Oberliga werden musste, um endlich absteigen zu dürfen. Den Volkspolizisten war es egal, sie siegten überlegen mit 3:0 und feierten neben dem ersten Vereinstitel ihren Doppeltorschützen Karl-Heinz Holze.

Ein halbes Jahr später wurde die Sportvereinigung Dynamo gegründet und Erich Mielke zum ersten und bis zu ihrer Auslösung einzigen Vorsitzenden gewählt. Sein Ziel war es, die der Sportvereinigung zugeordneten Vereine der Volkspolizei und des Ministeriums der Staatssicherheit zu fördern und Strukturen, die für den Leistungssport geeignet waren, zu schaffen.

Dies wurde am 12. April 1953 nach außen sichtbar, als in der Schauburg Dresden der amtierende Tabellenführer SV Deutsche Volkspolizei Dresden in SG Dynamo Dresden umbenannt wurde. Dieses Datum wird seitdem als Gründung der SG Dynamo Dresden zelebriert und gefeiert. So benennt die offizielle Internetpräsenz deutlich sichtbar den 12. April 1953 als Gründungstag des Vereins. Anlässlich des 60. Vereinsgeburtstages wurden Sondertrikot und Jubiläumslogo entwickelt.

Doch die SG Dynamo Dresden ist älter, auch wenn der Name zuvor ein anderer war.

Am 12. April 1953 traten dieselben Spieler wie in den vorherigen Heimspielen im Ostragehege an. Gegen Aktivist Brieske-

Ost kam die Mannschaft mit dem neuen Namen über ein torloses Unentschieden nicht hinaus.

Ein besonderer Hingucker für die treue Fangemeinde waren sicherlich die Leibchen der Spieler. Statt in der bekannten grünweißen Spielkleidung liefen sie fortan in Weinrot und Weiß auf.

Die Mannschaft hatte bereits 24 von 32 Saisonspielen absolviert und befand sich damit im letzten Viertel einer laufenden Saison. Die Spieler, die als Sportgemeinschaft gegen Brieske-Ost antraten, waren dieselben, die zuvor als Volkspolizisten die Tabellenführung erobert hatten.

Der Mannschaft gelang es unter neuem Namen mit zwei Siegen und jeweils drei Unentschieden und Niederlagen gerade noch so, diese Tabellenführung punktgleich mit Wismut Aue über die restlichen Spiele zu verteidigen.

Manfred Scheler, langjähriger Vorsitzender des Rates des Bezirkes Dresden und bis zu seinem Tod Ehrenmitglied der SG Dynamo Dresden, brachte das ganze Durcheinander um den Gründungstag in der Vereinsfibel „Das Dynamo-Buch, Dynamo Dresden 1953-2013“ von Uwe Karte und Gert Zimmermann präzise auf den Punkt: „Selbstverständlich war es auch in Dresden keine Neugründung. Mannschaft, Spielstätte, Vereinsstruktur, Anhänger – all das war doch bereits vorhanden und wurde auch nicht geändert.“ Und dann fügte er noch hinzu: „Mielke hat das Kommando übernommen! Nicht nur in Berlin, letztlich auch in Dresden.“

Und diese endgültige Übernahme aus Berlin wird seitdem als Gründung der SG Dynamo Dresden gefeiert. Der Gewinn des FDGB-Pokals 1952 und die erste Meisterschaft 1953, drei Monate nach Vereinsgründung, gehören aber selbstverständlich auch dazu.

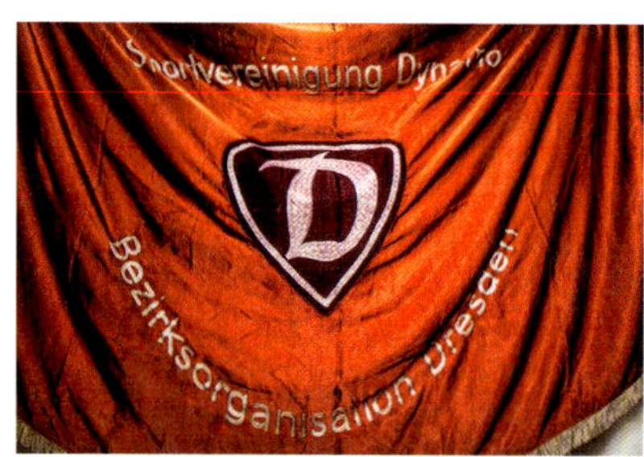

Ein Echtes Stück Vereinsgeschichte: die Gründungsfahne der SG Dynamo Dresden

Die Leiden des jungen Walter

Trainer Paul Döring war im Frühjahr 1953 umstritten, er galt als zu weich und nachgiebig. Walter Fritzsch war als Nachfolger auserkoren und sollte genau da ansetzen und die zu langen Zügel straffen. Mehrfach trafen sich Vereinsoffizielle und der mögliche Wunschtrainer zur Klärung von Zielen und Kompetenzen, während sich die Oberligasaison 1952/53 auf ihrer Zielgeraden befand.

Heute nicht mehr nachvollziehbar, wurden die letzten vier Spieltage an sieben verschiedenen Terminen ausgetragen. Dynamo war bereits fertig und wartete auf das letzte Spiel der BSG Wismut Aue. Als diese Rotation Babelsberg bezwungen hatten, war klar, dass es aufgrund des Punktegleichstandes ein Entscheidungsspiel auf neutralem Platz geben würde. Doch der Volksaufstand vom 17. Juni und die hochexplosive Lage im Land verschoben dieses Spiel. Es fand schließlich am 5. Juli 1953 statt, mehr als einen Monat nachdem die Saison offiziell beendet worden war.

Obwohl Trainer Paul Döring die junge Dresdner Mannschaft gegen gleichwertige Auer zu einem 3:2 nach Verlängerung geführt hatte, war seine Ablösung beschlossen.

Walter Fritzsch verfolgte dieses Spiel inmitten der Zuschauer und unterschrieb vier Tage später rückwirkend zum Monatsanfang seinen Arbeitsvertrag bei der Sportgemeinschaft.

Nachdem er sich zum offiziellen Trainingsbeginn am 3. August 1953 mit einer ersten Ansprache an seine Meistermannschaft gewandt hatte, war seine Zeit in Dresden wenig später wieder beendet.

Dem Verein bot sich kurzfristig die Möglichkeit, den erfahrenen ungarischen Startrainer János Gyarmati zu verpflichten und war dafür bereit, den noch unbekannten Fritzsch in die zweite Reihe rücken zu lassen. Der damals 32-jährige Walter Fritzsch lehnte ab und ging zu Motor Dessau.

Dynamo als Vater des BFC?

Nachdem János Gyarmati nach nur einer Saison sein Aufgabengebiet nach Leipzig zur Abteilung Fußball des DHFK verlegte, gab zur Saison 1954/55 mit Helmut Petzold ein neuer Dynamotrainer die Richtung vor. Die Mannschaft führte trotz mehrerer kleiner Wackler ab dem dritten Spieltag die Tabelle an.

Dann geschah, was Manfred Scheler mit seiner Aussage zur offiziellen Vereinsgründung der SG Dynamo Dresden mit „Mielke hat das Kommando übernommen" wirklich meinte. Das Problem der nicht vorhandenen Konkurrenzfähigkeit der Hauptstadtvereine der DDR gegenüber denen des Westsektors bestand unverändert.

Die drei 1950 hochgezogenen Berliner Mannschaften hatten keinen Eindruck hinterlassen. Der VfB Pankow hatte 1950/51 mit zwei Siegen, drei Unentschieden sowie 29 Niederlagen bei 29:131 Toren einen Rekord für die Ewigkeit aufgestellt, blieb aber dennoch auf Anordnung von oben der Oberliga erhalten. Auch im zweiten Versuch wurden sie abgeschlagen Letzter und durften die Oberliga dann doch verlassen. Eine andere Idee für einen großen erfolgreichen Hauptstadtclub musste gefunden werden, denn mit Hertha BSC und Tennis Borussia gab es im Westsektor gleich zwei Zugpferde. Die Verlockungen waren da. Berlin schaute sich erfolgreichen Fußball lieber im Westteil der Stadt an. Das durfte nicht so bleiben.

„Wir Dynamosportler haben in unserer neuen Heimat die ehrenvolle Aufgabe, ..." so begann im November 1954 eine Veröffentlichung, die erklären sollte, was so unglaublich war, dass es nicht zu erklären war.

Die SG Dynamo Dresden, die noch am 14. November 1954 das Stadtduell bei Rotation mit 2:1 gewann und von der Tabellenspitze der Oberliga grüßte, setzte eine Woche später die Saison als SC Dynamo Berlin fort. Die Spieler, angestellt bei der Volkspolizei, hatten kein Mitspracherecht und mussten den Befehlen, und waren sie noch so abstrus, Folge leisten. Die Klappe halten und mitgehen oder ein rasches Karriereende waren die Optionen. Erst in Gruppen-, später in Einzelgesprächen wurden die Spieler weichgeklopft – und ein Großteil fügte sich. Spieler wie Herbert Schoen oder „Moppel“ Schröter waren inzwischen Nationalspieler geworden und blieben es nur als Spieler des SC Dynamo Berlin. Einige ältere Spieler wie Horst Beulig blieben verschont. Für Dynamo Dresden sollte Beulig dennoch nie wieder spielen.

Die Berliner waren neugierig auf ihre neue Mannschaft. 20.000 Zuschauer begrüßten am 21. November 1954 die Dresdner Neuankömmlinge. Nach einem sang- und klanglosen 0:3 gegen den Tabellenletzten Rotation Babelsberg ließ das Interesse jedoch rasch nach. Aus dem Tabellenführer des elften Spieltages wurde am Saisonende ein enttäuschender Siebter. Eine Saison später stieg der SC Dynamo Berlin dann ab.

Zu Ende ist diese Geschichte damit nicht. 1966 gliederte sich die Sektion Fußball aus dem Gesamtverein aus und wurde zum BFC Dynamo Berlin. Das muss auch erst mal verdaut werden. Der große Rivale der SG Dynamo Dresden ab Ende der 70er Jahre hat seine Wurzeln in der Geschichte eben dieses Vereins!

„Unseren Dresdner Zuschauern und Freunden rufen wir zu, unseren Beschluss, ... zuzustimmen und zu verstehen!“

Das erwarteten sie nicht wirklich?!

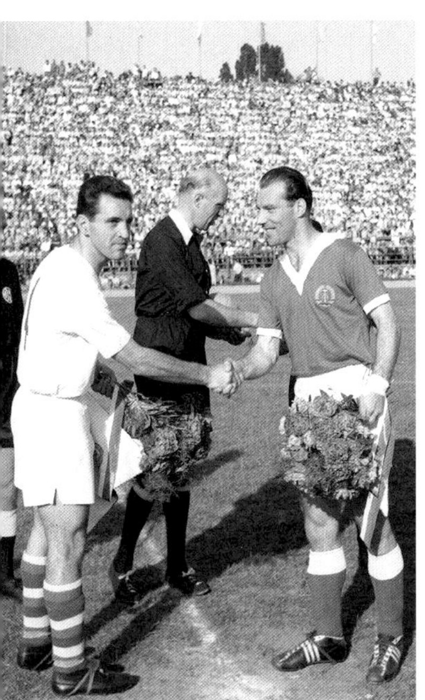

Um weiter Nationalelf-Kapitän bleiben zu dürfen, musste Herbert Schoen (r., hier mit CSR-Spielführer Ladislav Novak am 16. Juni 1957) das „Mielke-Dekret“ befolgen.

Suche nach der Seele

Dresden hatte seine zweite Mannschaft verloren. Auf dem Papier blieb die Sektion Fußball bestehen, wenn auch ohne Mannschaft und Trainer.

In der Winterpause wurden zwei Mannschaften des DHFK Leipzig aufgelöst und damit ihre Plätze in der dreigeteilten Liga der DDR frei. Die Saison lief und war bereits weit fortgeschritten. Dynamo Dresden übernahm die 13:15 Punkte und 41:22 Tore der Leipziger Studentenmannschaft. Die Saison lief weiter, als ob nichts geschehen wäre.

Dynamo Dresden war zerteilt wurden. Die einen spielten unter neuem Namen in Berlin, die anderen waren gleichzeitig und während der Saison aus der Oberliga in die Zweitklassigkeit der DDR-Liga abgestiegen.

Wer war jetzt eigentlich die Sportgemeinschaft Dynamo? Die mit der Mannschaft oder die mit dem Namen? Die Geschichte hat sich für den Namen entschieden. Doch der benötigte rasch eine neue Mannschaft. Der noch unerfahrene neue Trainer Heinz Werner wurde beauftragt, geeignete Spieler zu finden und aus ihnen ein Kollektiv zu formen, das mithalten konnte. Mit einer Mischung aus älteren Spielern, die übrig blieben, wie etwa Rudolf Möbius, Reservespielern, einigen wenigen Rückkehrern wie Torwart Horst Kiesewetter und Günther Usemann sowie jungen Talenten sollte das gelingen. Die Jungspunde entsprangen zum Teil schon aus der im Herbst 1954 gegründeten Dynamo-Fußballschule, ein für die damalige Zeit völlig neuartiger Versuch, Talente zu sichten und zu fördern. Nur war der geforderte Sprung aus der Jugend in eine neuformierte Mannschaft noch ohne Hierarchie gewaltig.

Mit ihnen versuchte Dynamo seinen Platz in der neuen Liga zu finden. Durchschnittlich 3.000 Zuschauer fanden sich zu den Heimspielen ein. Doch am Saisonende gab es die nächste Enttäuschung. Da aus den vorhandenen drei Ligastaffeln eine werden sollte, anders ausgedrückt, aus 42 Mannschaften 14, reichten jeweils drei Siege und Unentschieden bei zusätzlich sechs Niederlagen nicht aus. Und so war der zehnte Tabellenplatz am Saisonende das Ticket in die Drittklassigkeit der II. DDR-Liga.

Eine Saison in der Oberliga zu beginnen, in der DDR-Liga fortzuführen und als Absteiger in die Drittklassigkeit zu beenden, wer schafft das schon?

Der eigentlich gut gewachsene Baum war herausgerissen und nach Berlin verpflanzt worden. Aber etwas vom Baum war übrig geblieben und versuchte, seine Triebe erneut aus dem Boden wachsen zu lassen. Nur das sollte noch dauern.

Wann entstand Dynamo Dresden?

Erste Möglichkeit:
Im Oktober 1948, als die SV Deutsche Volkspolizei Dresden gegründet wurde?

Zweite Variante:
Im Sommer 1950, als diese Mannschaft im Casting aus zweit- und drittklassigen Volkspolizisten oberligatauglich frisiert und dabei eine harmonierende Truppe zusammengestellt wurde? Sie waren sogleich eine Spitzenmannschaft der DDR und gewannen 1952 den FDGB-Pokal und 1953 den Meistertitel der DDR.

Türchen Nummer Drei:
Im Winter 1954/55, als aus den Scherben einer Mannschaft, die nach Berlin versetzt wurde, eine neue entstand?

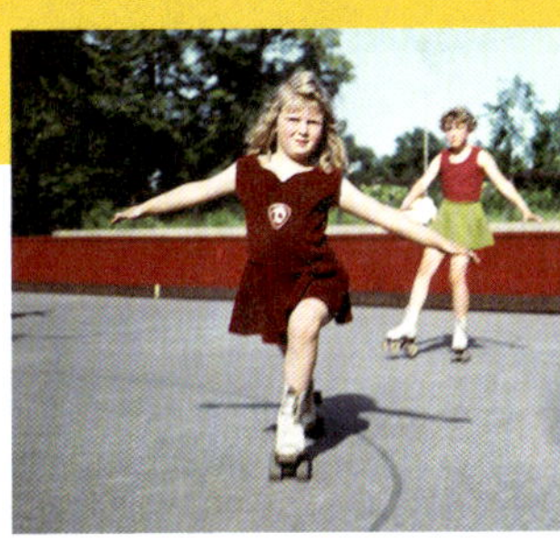

Wer oder was ist Dynamo Dresden?

Der Schicksalstag

In der Drittklassigkeit angekommen, wurde das Spieljahr nach russischem Vorbild dem Kalenderjahr angepasst. Die Fußballsaison 1955 stellte sich in der gesamten DDR als eine verkürzte Übergangsrunde mit Pflichtfreundschaftsspielen ohne Auf- und Abstieg dar.

Heinz Werner hatte nun ein halbes Jahr Zeit, um Neues auszuprobieren und sich die unerfahrene und zusammengewürfelte Dresdner Mannschaft einspielen und als Team finden zu lassen. In den 13 Spielen setzte er insgesamt 24 Spieler ein, die Hälfte davon in höchstens fünf der Spiele. Das Ergebnis konnte sich sehen lassen. Mit sechs Siegen, fünf Unentschieden sowie nur zwei Niederlagen belegte Dynamo am Ende einen guten vierten Platz. Entsprechend optimistisch schauten Fans, Mannschaft und Trainer ins neue Spieljahr.

Doch das verlief durchwachsen. Einzelnen Siegen folgten verlässlich Niederlagen. Im Hochsommer, zu Beginn der Rückrunde, hatte sich die Mannschaft dann gefunden. So fielen zwei knappe Niederlagen gegenüber hohen Siegen wie dem 7:0 gegen Stahl Freital oder einem 6:0 gegen Chemie Leuna nicht ins Gewicht. Dynamo Dresden beendete die Saison auf dem fünften Tabellenplatz …

… und stieg dennoch ab.

In der kurzen Sommerpause verstärkten gleich zwei wuchtige Stürmer den Verein. Dieter Legler vom Stadtrivalen SC Einheit, dem Nachfolger von Rotation Dresden, machte mit elf Toren in der Rückrunde nachhaltig auf sich aufmerksam. Auch die fünf Tore von Joachim Vogel, der von der SG Dynamo Karl-Marx-Stadt kam, trugen erheblich zur Stabilisierung der Mannschaft bei. Den 15 Toren in der Hinrunde konnten in der zweiten

Saisonhälfte mehr als doppelt so viele hinzugefügt werden. Aus mickrigen acht Punkten bis zur Sommerpause wurden 27 bis zum Saisonende. Die Mannschaft war zusammengewachsen.

Doch um den Wechsel von Joachim Vogel entstand ein Rechtsstreit um einzuhaltende Wechselfristen. Dynamo Karl-Marx-Stadt, SC Dynamo Berlin und kurz darauf Dynamo Dresden: Innerhalb einer Sommerpause war Joachim Vogel Mitglied aller drei Vereine. Die Wechselsperren betrugen eigentlich acht Wochen, konnten aber auf zehn Tage verkürzt werden, wovon Spieler und Dynamo Dresden ausgegangen waren.

Ein Einspruch der BSG Motor Eisenach, mehr als zehn Wochen nach dem Spiel gegen Dynamo eingelegt, wurde im Oktober noch abgeschmettert. Am 14. November 1956, zehn Tage nach Saisonende, kam es durch die Sektion Fußball der DDR erneut zu einer Verhandlung und letztendlich einer neuen Bewertung. Das Urteil hatte dramatische Folgen für die SG Dynamo Dresden: Ihr wurden neun Punkte abgezogen, und so war aus dem Fünften der Abschlusstabelle nach Saisonende ein Absteiger in die Bezirksliga geworden.

Dass dies ausgerechnet am 14. November 1956, genau zwei Jahre, nachdem Dynamo das letzte Stadtduell in der DDR-Oberliga gegen Rotation gewonnen hatte, entschieden wurde, ist sicherlich ein Zufall, dennoch ein weiterer Tritt gegen jenen Setzling, der sich ab 1950 eigentlich so gut entwickelt hatte, ehe er brachial verpflanzt wurde.

Der DDR-Meister von 1953 war nicht einmal dreieinhalb Jahre später in die Viertklassigkeit versunken.

Zahlen und Fakten

MEISTERTITEL

1952/53, 1970/71, 1972/73, 1975/76, 1976/77, 1977/78, 1988/89, 1989/90

FDGB-POKALSIEGER

1951/52, 1970/71, 1976/77, 1981/82, 1983/84, 1984/85, 1989/90

SACHSENPOKALSIEGER

2002/03, 2006/07, 2008/09

DEUTSCHLAND-CUP (NUR EINMALIG AUSGETRAGEN)

1990

ERSTKLASSIG

DDR-Oberliga 1950-1954, 1962-1963, 1964-1968, 1969-1991 (842 Spiele)
1. Bundesliga 1991-1995 (140 Spiele)

ZWEITKLASSIG

DDR-Liga 1955, 1959-1962, 1963-1964, 1968-1969 (163 Spiele)
2. Bundesliga 2004-2006, 2011-2014, 2016-2020, ab 2021 (340 Spiele bis Saisonende 2020/2021)

DRITTKLASSIG

DDR-2. Liga 1955-1956, 1958 (52 Spiele)
Regionalliga 1995-2000, 2002-2004, 2006-2008 (310 Spiele)
3. Liga 2008-2011, 2014-2016, 2020-2021 (228 Spiele)

VIERTKLASSIG

DDR-Bezirksliga 1957 (26 Spiele)
Oberliga 2000-2002 (66 Spiele)

EUROPAPOKALSPIELE (98 SPIELE)

Europapokal der Landesmeister (30 Spiele)
Viertelfinale 1976/77, 1978/79, 1990/91
Europapokal der Pokalsieger (14 Spiele)
Viertelfinale 1984/85, 1985/86
UEFA-Pokal (54 Spiele)
Halbfinale 1988/89
Viertelfinale 1972/73, 1975/76

OHNE HEIMNIEDERLAGE

1957, 1958, 1961/62, 1968/69, 1970/71, 1971/72, 1972/73, 1974/75, 1976/77, 1978/79, 1984/85, 1986/87, 1987/88, 1990/91, 2003/04

OHNE AUSWÄRTSSIEG

1962/63, 1964/65, 1992/93

OHNE AUSWÄRTSNIEDERLAGE

1963/64, 2001/02
Da das 1:1-Unentschieden in Riesa (Insolvenz des Vereins, alle Spiele wurden „genullt") nicht in die Wertung ging, blieben in dieser Spielzeit 16 Auswärtssiege übrig.

FUSSBALLER DES JAHRES IN DER DDR

Hans-Jürgen Dörner
Platz 1 1977, 1984, 1985
Platz 2 1976, 1978, 1979
Torsten Gütschow
Platz 1 1991
Platz 2 1989
Hans-Jürgen Kreische
Platz 1 1973
Platz 3 1971
Andreas Trautmann
Platz 1 1989
Ulf Kirsten
Platz 1 1990
Reinhard Häfner
Platz 3 1980

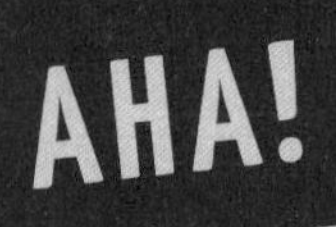

Was man selbst in der Hand hat

Der Weg zurück aus der Bedeutungslosigkeit war holprig, obwohl die Ehrenrunde in der Bezirksliga nur einen Sommer dauerte. Der damalige Mittelfeldspieler Wolfgang Oeser gab im Buch „Dynamo Dresden – Tradition verpflichtet" auch eine Erklärung dazu: „Da wir alle Angehörige der Volkspolizei waren, konnten wir unsere Mannschaft zusammenhalten."

Auch als Neuling in die II. DDR-Liga war Dynamo nicht der typische Aufsteiger. Die Mannschaft war auch hier der Konkurrenz überlegen. Ein Schnitt von mehr als drei Toren pro Spiel und nur drei Niederlagen in der gesamten Saison brachte die Mannschaft sicher in die Aufstiegsrelegation.

Nachdem Dynamo nach vier Spielen punkt- und torgleich mit Motor Süd Brandenburg auf dem dritten Rang stand, war es ein glücklicher Umstand, dass nicht das direkte Duell, das mit 1:3 verloren ging, den Aufstieg entschied, sondern ein zusätzliches Entscheidungsspiel nach der bereits abgelaufenen Aufstiegsrunde.

Das entscheidende Spiel am 21. Dezember 1958 war nichts für schwache Nerven. Dynamo ging kurz vor der Pause durch Hans Kreische in Führung. Kurz nach der Halbzeit erzielten die Brandenburger zwei Tore und drehten das Spiel. Aufregung eine Viertelstunde vor Spielende: Elfmeter für Dynamo. Zusätzlich durfte ein Brandenburger Spieler, der sich über die vom Schiedsrichter abgemessenen elf Meter beschwerte, vorzeitig unter die Dusche.

Dieter Legler trat an und vergab. Entsetzen – und dann ein kurzes Durchatmen, denn der Unparteiische ließ den Strafstoß wiederholen. Wolfgang Oeser übernahm Ball und Verantwortung. Der spätere Strafstoßspezialist der Dresdner verwandelte sicher und brachte Dynamo damit zumindest in die Verlängerung. In dieser traf Dieter Legler dann doch noch. Rudolf Härtelt verhinderte mit einem weiteren Tor kurz vor dem Ende der Partie das große Zittern.

Dynamo Dresden war in die zweithöchste Spielklasse der DDR aufstiegen.

Auch da spielte Dynamo eine gute Rolle. Mit Platz drei näherte sich die Sportgemeinschaft im zweiten Jahr der Rückkehr in die Oberliga. Als das Spieljahr 1961/62 wieder dem Herbst-Frühjahres-Modus angepasst wurde, war es dann soweit. Nach 39 Saisonspielen über 17 Monate stieg die SG Dynamo Dresden in die Oberliga auf, aus der parallel die zweite Dresdner Mannschaft, der SC Einheit, abstieg.

Trainer Helmut Petzold, der die Mannschaft 1958 als Aufsteiger aus der viertklassigen Bezirksliga übernommen und zurück bis in die Oberliga geführt hatte, hatte ihr ein junges Gesicht gegeben. Nur vier Spieler waren älter als 25 Jahre. Unter ihnen befand sich Dieter Legler, der in den drei Jahren der Zweitklassigkeit in 91 Spielen zweimal Torschützenkönig wurde und insgesamt 61 Tore für Dynamo erzielte.

Dynamo war zurück, wieder ganz oben – und machte es sich selbst schwer. Vor allem auswärts war die Mannschaft zu grün. Trotz einer guter Heimbilanz waren drei Unentschieden in der Fremde zu wenig, um bestehen zu können. Am letzten Spieltag hatten es die Dresdner gegen den Mitaufsteiger SC Motor-Karl-Marx-Stadt dennoch selbst in der Hand. Bernd Hofmann konnte in der 73. Minute die Führung der Gäste ausgleichen, doch zu mehr reichte es nicht. Nach Spielende ließ ein Großteil der 32.000 Zuschauer die Köpfe hängen. Zur neuen Saison sollte es erstmals keine Dresdner Oberligamannschaft geben.

Aber nur ein Jahr später war Dynamo zurück. Mit 13 Punkten vor dem Stadtkonkurrenten SC Einheit stieg der Verein wieder auf.

Die neue Saison zeigte das alte Leid. Während Dynamo zu Hause eine Macht war, reichte es auswärts wieder nur zu drei Unentschieden. Erneut war das letzte Saisonspiel am 6. Juni 1965 das Entscheidende. Um den Klassenerhalt zu sichern, hätte im Heimspiel gegen Mitaufsteiger SC Neubrandenburg ein Unentschieden gereicht. Nach einem Schlagabtausch, in dem die Gäste zweimal einen Rückstand ausglichen, gewann Dynamo am Ende mit 5:3. Zwei Tore erzielte Klaus Sammer, eins Klaus Engels.

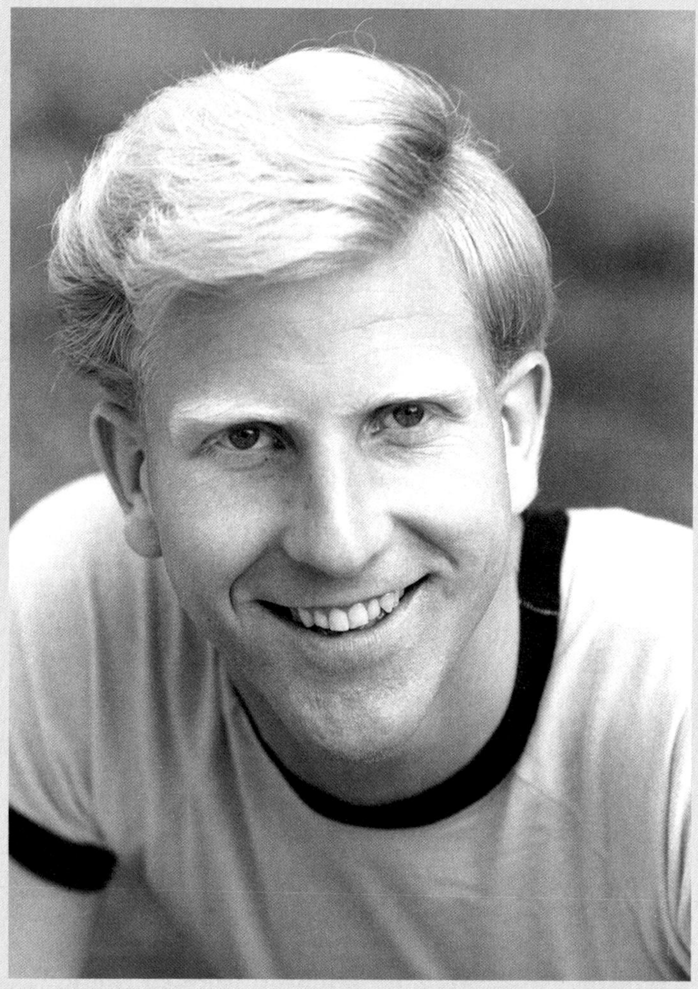

Zwei Tore gegen den Abstieg: Klaus Sammer

Nachdem die folgenden beiden Jahre weniger spektakulär verliefen, unterschätzte Dynamo in der Saison 1967/68 die Gegner und überhöhte im Geiste das eigene Leistungsvermögen. Trainer Manfred Fuchs, der ein Jahr zuvor mit der identischen Mannschaft auf Platz vier gelandet war und mit ihr erstmals im Messepokal antrat, erreichte seine Spieler nicht mehr. Gegen die vermeintlich „Kleinen", die in der Abschlusstabelle zwischen Platz zehn und 14 abschlossen, gelang Dynamo in Hin- und Rückrunde lediglich ein Sieg. Zwar verloren sie auch nur einmal, aber sechs Unentschieden waren einfach zu viele. Nach einer Serie von fünf sieglosen Spielen und mehr als 450 Minuten ohne eigenen Torerfolg wurde Manfred Fuchs von seinen Aufgaben entbunden und durch Jugendtrainer Kurt Kresse ersetzt. In dessen erstem Spiel an der Seitenlinie konnte die Mannschaft zwar die Torflaute beenden, den notwendigen Umschwung aber nicht einleiten.

So gab es am 1. Juni 1968 ein weiteres Déjà-vu. Letzter Spieltag, letztes Heimspiel, diesmal gegen Chemie Leipzig. Dynamo hatte es erneut in der eigenen Hand und spielte wie gelähmt. Siegfried Gumz egalisierte in der 69. Minute die Führung der Chemiker, ansonsten gelang der Dresdner Mannschaft an diesem Nachmittag nicht viel. Nach der schlechtesten Rückrunde aller 14 Vereine und mit der zweitschlechtesten Heimbilanz aller Oberligamannschaften stieg Dynamo Dresden ein letztes Mal ab.

Die vier Giraffen

1955 riefen Mitglieder des FIFA-Exekutivkomitees in Basel einen Messestädtepokal ins Leben. Einen internationaler Fußballwettbewerb, um freundschaftliche Kontakte über Landesgrenzen hinaus zu schließen. Anfangs unregelmäßig oder über einen Zeitraum von mehr als einem Jahr, fanden der Messestädtepokal ab der Saison 1960/61 in einem jährlichen Modus statt.

Die SG Dynamo spielte in diesem Pokal mehr als zehn Jahre keine Rolle, doch im Frühjahr 1967, als Dynamo seine bis dahin beste Oberligasaison spielte, war das der Grundstein für die Dresdner Europapokalgeschichte. Eine Delegation um FIFA-Präsident Sir Stanley Rous konnte überzeugt werden, Dresden den Status einer Messestadt zu verleihen. Damit war eine Grundvoraussetzung erfüllt, um am Vorläufer des UEFA-Pokals teilnehmen zu können. Mit dem Startrecht erhielt Dresden die Auflage, eine moderne Flutlichtanlage zu bauen.

Was Jahrzehnte später beim Stadionersatzneubau durch Ausschreibungen, Einsprüche, Finanzierungslücken und anderen Bremsen zu einem gefühlten Ewigkeitsprojekt werden sollte, funktionierte hier in einer Spanne von ziemlich genau zwei Jahren. Nicht einmal der unerwartete Abstieg 1968 verhinderte den Bau der „Giraffen“.

Nachdem die Finanzierung geklärt und durch die SV Dynamo übernommen wurde, entstanden bis zum Sommer 1969 an allen vier Seiten des Stadions die in den folgenden Jahrzehnten zum Wahrzeichen werdenden „Giraffen“. Ein dreibeiniger Standfuß, darauf ein langer schmaler, sich 20 Grad neigender Hals und obenauf ein Kopf, der auf einer Höhe von 60 Metern mit 24 Flutlichtstrahlern das Spielfeld ausleuchtete, die Strahler und der direkt benachbarte Dresdner Zoo legten die Assoziation einer Giraffe nahe. Für das allererste Spiel im Messestädtepokal war dies allerdings zu früh.

Sir Stanley Rous hatte Wort gehalten. Ein halbes Jahr nachdem er sich Dresden angeschaut und zur Messestadt erklärt hatte, trat Dynamo im Herbst 1967 erstmals international an. Mit den vorjährigen Finalisten im Europapokal der Pokalsieger, den Glasgow Rangers, hatte Dynamo gleich ein Traumlos gezogen. In den beiden Duellen gegen Dynamo kamen die Schotten glücklich eine Runde weiter. Nach einem 1:1 in Dresden, bei dem Dieter Riedel das erste Europapokaltor Dynamos im Heinz-Steyer-Stadion gelang, glich Hans-Jürgen Kreische im Rückspiel im Ibrox-Stadion in der vorletzten Zeigerdrehung die Führung des großen Favoriten zum 1:1 aus. Als der Underdog sich über den großen Erfolg, die Verlängerung erreicht zu haben, freute, erzielten die Rangers im allerletzten Angriff doch noch den Siegtreffer zum 2:1. Dynamo hatte verloren und dennoch gewonnen.

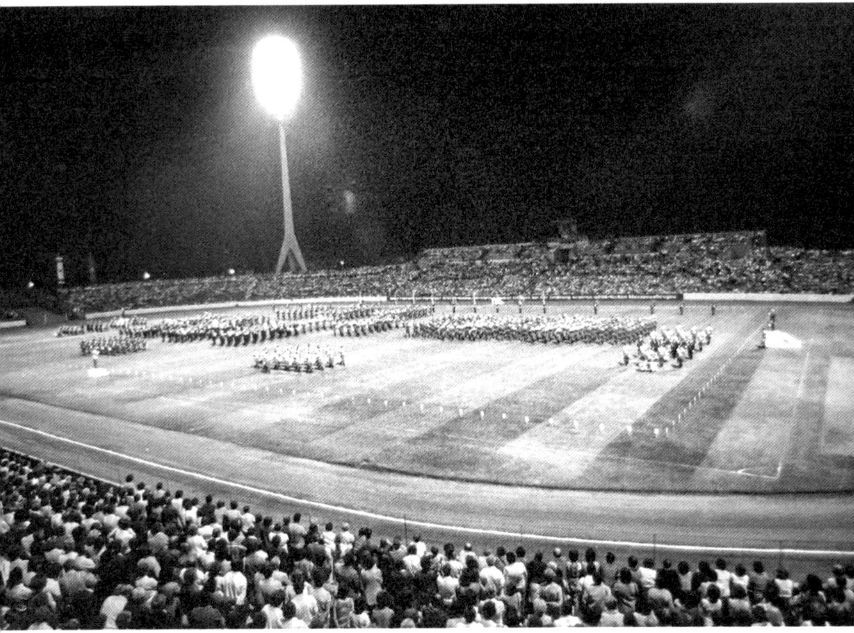

Die „Giraffe" in Aktion

Sein oder nicht sein

Statt Anfang der 50er Jahre in der Oberliga, trafen sich die SG Dynamo und „der Verein mit den ständig neuen Namen" – aus dem SC Einheit war inzwischen der FSV Lok Dresden geworden – nun eine Spielklasse tiefer zum Stadtduell.

Dieses erneute Aufeinandertreffen hatte vor Saisonbeginn mehr politische Brisanz, als es das sportliche Duell während des Spieljahres haben würde. Seit Jahren schob man in Dresden die Entscheidung vor sich her, wer eigentlich das fußballerische Leistungszentrum der Stadt sein sollte. Die Tragweite dieser Entscheidung war enorm. Wer würde das Vorrecht auf die größten Talente des Bezirkes Dresden haben? Dresden hatte seit Jahren zwei Mannschaften, die sich, so hatten es beide bewiesen, nicht dauerhaft in der Oberliga halten konnten.

Das Ministerium für Verkehrswesen war bereit, neben dem 1. FC Lokomotive Leipzig eine weitere Mannschaft in der Oberliga zu finanzieren. Lok Stendal war gemeinsam mit Dynamo abgestiegen, der zweite Platz in der Oberliga war daher gerade nicht besetzt.

Damit lag der Ball bei Erich Mielke, der keine seiner „Dynamo-Mannschaften" aufgeben wollte. Im zähen Ringen – denn die Entscheidung musste die SED-Bezirksleitung treffen – konnten dem Chef der Staatssicherheit sogar Kompromisse abgerungen werden. Um nicht ein drittes Mal eine Mannschaft zu verlieren, durfte die SGD nicht mehr als „Zulieferer" für Berlin genutzt werden. Die SV Dynamo hatte für finanzielle und materielle Unterstützung des Vereins zu sorgen und statt in weinrot und weiß würde die SG Dynamo Dresden als sichtbares Zeichen ihrer Loslösung von Berlin fortan in den Stadtfarben Schwarz und Gelb antreten. Am Ende nickte Erich Mielke alles ab.

Einen Monat nach dem Abstieg und noch vor Beginn der neuen Saison fiel die Entscheidung. Das fußballerische Leistungszentrum wurde ab sofort in die Hände der Sportgemeinschaft gegeben.

Vor allem die finanzielle Unterstützung durch die SV Dynamo sorgte dafür, dass den Spielern um Uwe Ziegler oder Klaus Sammer bei Dynamo Dresden nun auch diese Gehälter gezahlt werden konnten, die ihnen anderswo geboten wurden. So konnte die Mannschaft zusammengehalten werden, beide Stadtduelle wurden gewonnen und der Abstieg nach einer Saison als Unfall verbucht.

Einen erheblichen Anteil daran hatte Eduard Geyer. Er war ein talentierter Stürmer des FSV, der aufgrund des an Dynamo abgegebenen Leistungszentrums zur SGD wechselte In seinen ersten 22 Ligaspielen setzte er mit sechs Toren seine erste Duftmarke.

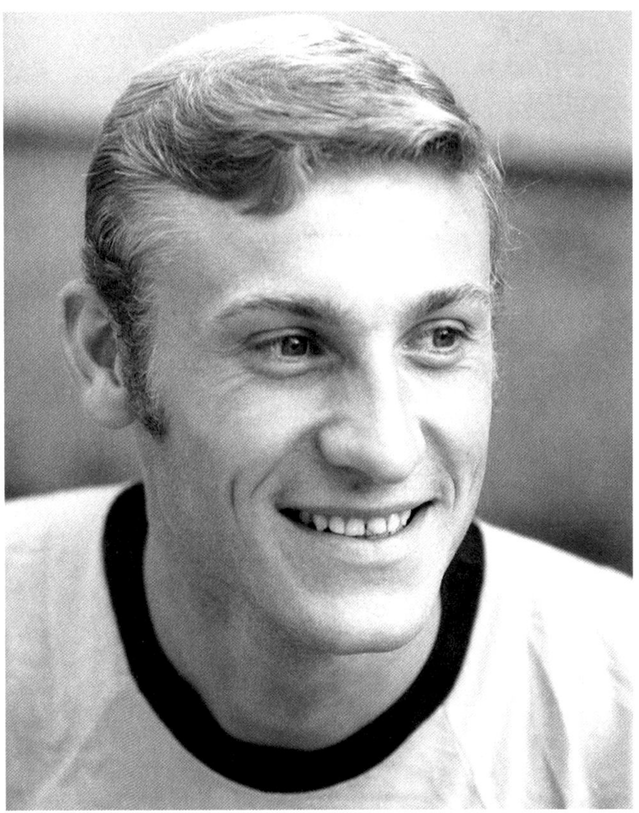

Beeindruckte in seinen ersten Ligaspielen: Eduard „Ede“ Geyer

Wachgeküsst

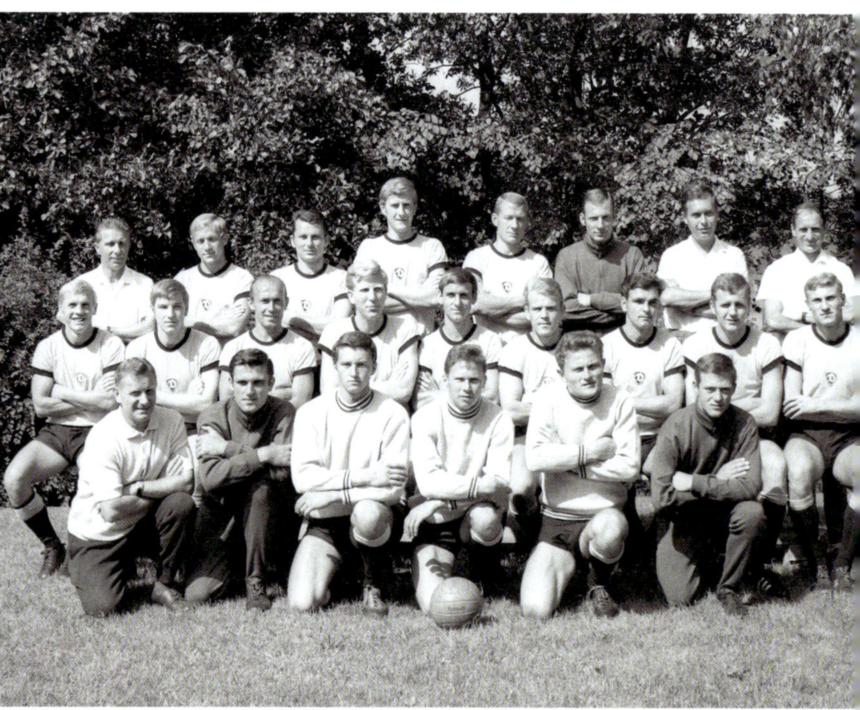

Des Trainers neue Mannschaft

Sommer 1969: Kurt Kresse, der die schlingernde Mannschaft im Frühjahr zuvor übernommen hatte und überzeugt werden musste, noch ein Jahr als verantwortlicher Trainer dranzuhängen, machte unmissverständlich klar, zur folgenden Oberligasaison nicht mehr zur Verfügung zu stehen. Er hatte seinen Auftrag erfüllt und hinterließ eine gut ausgebildete, entwicklungsfähige Mannschaft.

Die Sportgemeinschaft fand in Walter Fritzsch einen Trainer, der auf seinen bisherigen Stationen nachweislich auf junge Spieler gesetzt und sie auch weiterentwickelt hatte. In Rostock hatte er aus einer mittelmäßigen Mannschaft eine gemacht, der immerhin der Name „Ewiger Zweiter“ anhaftete, und somit nach ihm besser dastand als vor ihm.

Walter Fritzsch eilte ein Ruf voraus, ein bescheidener, fast schon asketischer General zu sein. Alkohol und Zigaretten waren verpönt. Er wusste, was er wollte und ging dies mit Ehrgeiz, Fleiß und Detailversessenheit an. Paarte man das mit einer nicht unbedeutenden Prise Sturheit und Strenge, so konnte man erahnen, was die Mannschaft erwartete.

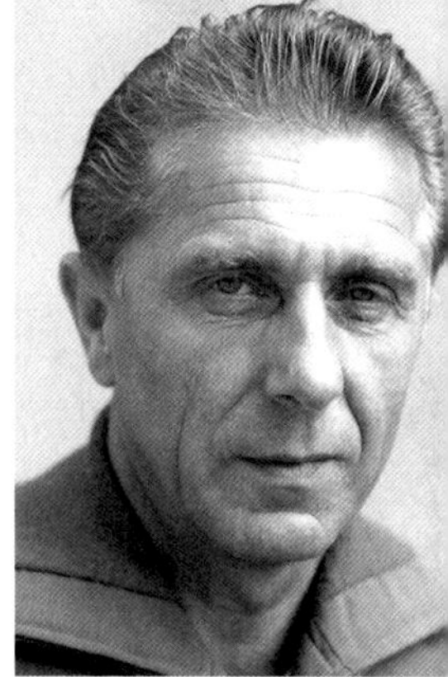
Walter Fritzsch

Den Spielern, die 1968 abgestiegen waren, was nicht zuletzt an ihrem athletisch schlechten Zustand lag, drohte Ungemach. Sie wollten diesen Fritzsch nicht als ihren Trainer haben. Mit einer schriftlich eingereichten Ablehnung bissen sie trotz Unterschriften der Mehrheit der Spieler auf Granit. Die SED-Bezirksleitung, die den Verein ein Jahr zuvor zum Aushängeschild der Stadt ernannt hatte, hatte viel investiert und Zugeständnisse gemacht, um genau diesen Trainer nach Dresden zu holen.

Uwe Karte, Journalist, Filmemacher und Buchautor, hat sich intensiv mit dem Leben und Wirken von Walter Fritzsch beschäftigt. Anlässlich dessen 100. Geburtstages erschien im Herbst 2020 im MDR eine Dokumentation über den erfolgreichsten Trainer der Vereinsgeschichte. Dabei sprach Walter Fritzsch in einem breiten erzgebirgischen Dialekt über genau diese Episode seiner Anfangszeit bei Dynamo: „Ich habe von euch das und das gehört und ihr habt über mich das und das gehört ... und nun tun wir uns gegenseitig bekämpfen.“

Klingt amüsant, doch Walter Fritzsch vergaß nicht. Die mutmaßlichen Rädelsführer hatten es nicht leicht. Im Film von Uwe Karte legte er noch nach: „Die Spieler waren gewöhnt, versaut zu werden oder sie waren die Größten und dann kam ich dazu ...“.

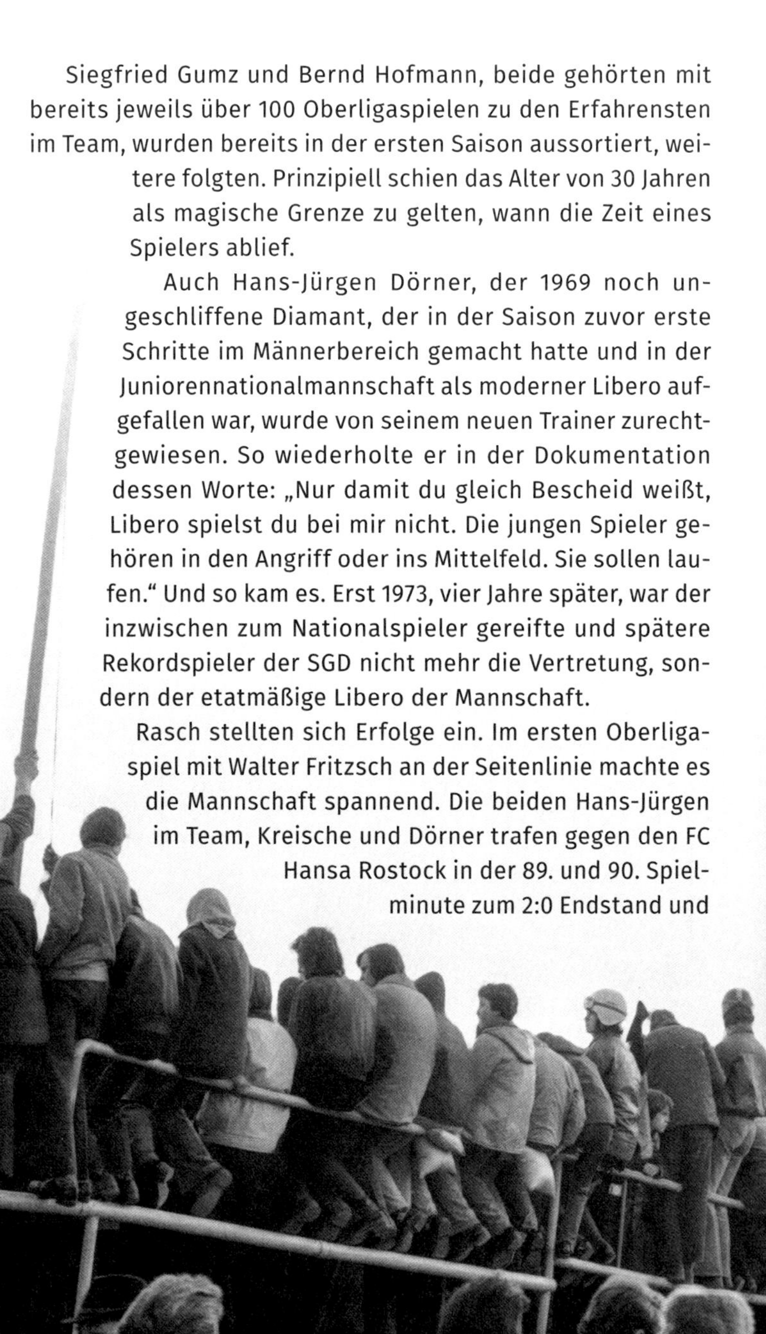

Siegfried Gumz und Bernd Hofmann, beide gehörten mit bereits jeweils über 100 Oberligaspielen zu den Erfahrensten im Team, wurden bereits in der ersten Saison aussortiert, weitere folgten. Prinzipiell schien das Alter von 30 Jahren als magische Grenze zu gelten, wann die Zeit eines Spielers ablief.

Auch Hans-Jürgen Dörner, der 1969 noch ungeschliffene Diamant, der in der Saison zuvor erste Schritte im Männerbereich gemacht hatte und in der Juniorennationalmannschaft als moderner Libero aufgefallen war, wurde von seinem neuen Trainer zurechtgewiesen. So wiederholte er in der Dokumentation dessen Worte: „Nur damit du gleich Bescheid weißt, Libero spielst du bei mir nicht. Die jungen Spieler gehören in den Angriff oder ins Mittelfeld. Sie sollen laufen.“ Und so kam es. Erst 1973, vier Jahre später, war der inzwischen zum Nationalspieler gereifte und spätere Rekordspieler der SGD nicht mehr die Vertretung, sondern der etatmäßige Libero der Mannschaft.

Rasch stellten sich Erfolge ein. Im ersten Oberligaspiel mit Walter Fritzsch an der Seitenlinie machte es die Mannschaft spannend. Die beiden Hans-Jürgen im Team, Kreische und Dörner trafen gegen den FC Hansa Rostock in der 89. und 90. Spielminute zum 2:0 Endstand und führten Dynamo zum ersten Saisonsieg nach dem Oberliga-Aufstieg.

Die Trainingsmethoden von Walter Fritzsch waren neu und herausfordernd. Das Spiel der Mannschaft wurde bald als Dresdner Kreisel beschrieben, schnell in der Offensive, mit einer hohen und sicheren Passfrequenz. Torgefahr strahlten viele Spieler aus, wodurch es für jeden Gegner schwer wurde, zielgerichtet die Angriffe der Sportgemeinschaft zu verteidigen. Zu Zeiten von Walter Fritzsch trafen immer zwischen elf und 16 Spieler pro Saison.

Der Trainer hatte in seinem ersten Jahr an der Seitenlinie einen Mittelfeldplatz als Ziel ausgegeben, am Ende wurde es ein dritter Platz.

Aus der einstigen Fahrstuhlmannschaft wurde in den 70ern ein Spitzenteam der DDR. In der Amtszeit des kleinen Generals teilten sich der FC Carl Zeiss Jena, der 1. FC Magdeburg und die SG Dynamo Dresden alle Meistertitel, allein fünf davon gingen nach Dresden. Dynamo beendete unter Walter Fritzsch eine Saison nie schlechter als auf dem dritten Tabellenplatz.

Die Dominanz dieses Trios aus Jena, Magdeburg und Dresden zeigte sich auch im FDGB-Pokal. In den neun Dresdner Fritzsch-Jahren gingen je zwei Pokale nach Jena, Magdeburg und Dresden. 1971 schaffte Dynamo zu-

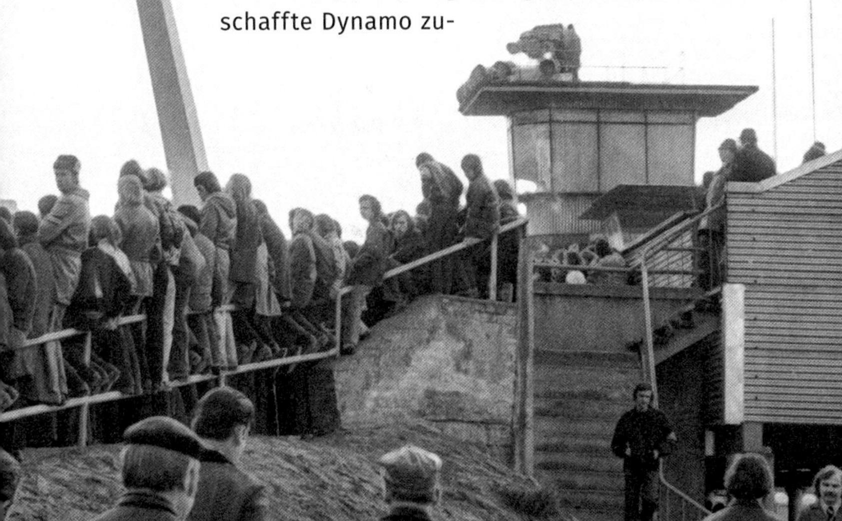

sätzlich das erste Double der Oberligageschichte, 1977 konnten sie dies wiederholen.

Anlässlich seines 65. Geburtstages gab Walter Fritzsch dem Sportjournalisten Gottfried Weise ein Interview, in dem er die zu Tage tretenden Probleme mit einzelnen Spielern beschrieb: „Ich mag keine sogenannten Stars, die sich einbilden, sie wären etwas Besseres ... Ich habe mit vielen Nationalspielern, die unter meiner Fahne rausgekommen sind, häufig Ärger gehabt."

Ärger gab es auch in Dresden, vor allem mit Hans-Jürgen Kreische. Er war der ewige Widerpart Walter Fritzschs – und dessen Kapitän auf dem Feld. Ein Spieler, der den Mund öffnete, unangenehme Dinge ansprach und ihn sich immer wieder verbrannte. Frustriert beendete er im November 1977, nachdem ihn Walter Fritzsch aus disziplinarischen Gründen nicht mehr einsetzen wollte, seine Karriere.

Nach der Saison folgte ihm der Trainer, nicht ganz freiwillig. Offiziell, so erklärte sein Assistenztrainer Gerhard Prautzsch im Buch „50 Jahre – 50 Geschichten", wurde das Alter von Walter Fritzsch vorgeschoben. Interne Spannungen, so fügte er hinzu, die es mit dem damals 57-jährigen Trainer gab, waren wohl der eigentliche Grund.

Später geriet der Rekordtrainer der SGD für viele Jahre in Vergessenheit. Mit 76 Jahren starb er infolge einer fortgeschrittenen Alzheimer-Erkrankung.

2020 wurde das neue Trainingszentrum des Vereins, die Walter-Fritzsch-Akademie eröffnet. Hier werden die zukünftigen Spieler der Sportgemeinschaft gefördert, ganz in Gedenken an den Mann, der ihren Vorgängern immer wieder Spielzeit gab, um sich entwickeln zu können.

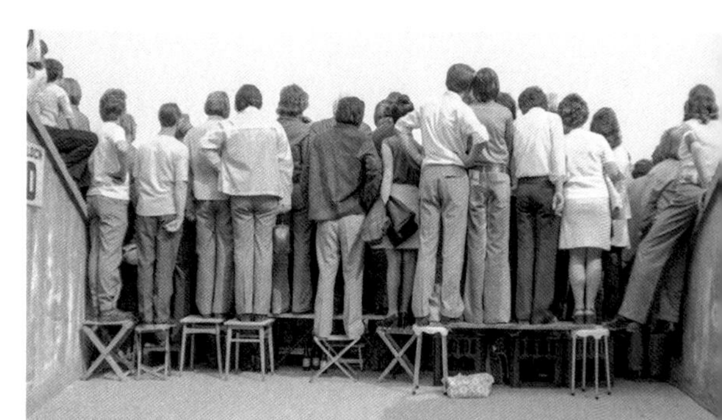

Beim 4:0 gegen Jena griffen die Zuschauer*innen zu allen Mitteln.

Schwarz-gelbe Torpfosten

Manchmal sind es kleine Dinge, die große Folgen haben. In einem Interview im Buch „Mit Dynamo durch Europa“ erzählte die von 1962 bis 1973 unter dem Namen Dr. Gisela Israel tätige Dresdner Mannschaftsärztin, Frau Dr. Gisela Passehr, über eine Begebenheit, die ihr beinahe den Platz auf der Mannschaftsbank bei den Glasgow Rangers gekostet hätte, da sie ein Kleid in den grünen Vereinsfarben des großen Rivalen Celtic trug.

In einem Nebensatz erwähnte sie die fanatischen Fans in Dresden, die vor einem Auswärtsspiel in Magdeburg die Tore im Stadion schwarz-gelb angestrichen haben sollen.

Schon allein die Idee klang verrückt, so verrückt, dass sie eigentlich stimmen musste.

Nachfragen in einem Magdeburger Fankreis ergaben nichts Konkretes. „Da könnte es etwas gegeben haben, muss aber vor 1972 gewesen sein ...?!“

So richtig mochte man sich nicht erinnern. Eigentlich nachvollziehbar, denn es würde garantiert auch in Dresden nicht laut kommuniziert werden, wenn das eigene Stadion irgendwann einmal lila bemalt worden wäre.

Auf den ersten Blick passte also alles. Nur die Erinnerung an eine frühe Episode, die bereits im ersten Buch falsch verortet war, wurde auch in einem zweiten, das sich auf eben diese Episode bezog, nicht besser. Die schwarz-gelben Pfosten in Magdeburg gab es ganz einfach nicht, weder 1972 noch eher oder später.

Letztendlich war es einer der Protagonisten selbst, der beschloss, nach inzwischen fast einem halben Jahrhundert, klarzustellen, was damals wirklich geschehen war. Diese Episode wurde dann in der Jahreszusammenfassung „Schwarz-Gelb, Dynamos Aufstiegssaison 2020/21“ aufgegriffen.

Die Sache mit den Torpfosten gestaltete sich folgendermaßen: Eine kleine Gruppe von fünf Freunden, alle gerade volljährig geworden, hatten an einem feuchtfröhlichen Skatabend die tollkühne Idee ersonnen, ein Auswärtsspiel dynamisch in schwarz und gelb zu verzieren. Sie blieben mit der Idee und der Umsetzung unter sich, da ihnen durchaus bewusst war, zu dieser Zeit, im Dezember 1972, nicht mit Nachsicht rechnen zu können. Durch ein Loch im Stadionzaun gelangten sie in der Nacht vor einem Dresdner Auswärtsspiel ins leere Stadion und strichen die Torpfosten. Ihr tollkühner Wagemut ging im Spieltagesgeschehen fast komplett unter.

Pünktlich zu Spielbeginn strahlten die Torpfosten bereits wieder in einem frischen Weiß, einzig eine zusätzlich verzierte Werbebande trug noch einen Dynamo-Schriftzug, einer schwer zu übertünchenden Ölfarbe war es gedankt.

„Unbekannte – dieser „Spaß“ geht aber entschieden zu weit! – hatten in der Nacht zum Sonnabend die Tore im Dr. Kurt-Fischer-Stadion schwarz-gelb angestrichen, mit den Farben Dynamo Dresdens versehen (bis zum Anpfiff erhielt das Gebälk wieder sein weißes Aussehen). Doch weder davon noch durch die große, lautstarke Anhängerschar aus der Elbestadt ließ sich der FCK beeindrucken...“ Einzig die Fußballwoche, eine Fußballzeitschrift der DDR, hatte kurz über die aus Dynamo-Sicht gelungene Aktion berichtet. Sie geriet anschließend in Vergessenheit und wurde dann mehrfach falsch wiedergegeben.

Darum jetzt und hier: Ehre, wem Ehre gebührt:
Schwarz-gelbe Torpfosten gab es für eine Nacht und einen Vormittag rund um den 16. Dezember 1972 in Karl-Marx-Stadt zu bewundern.

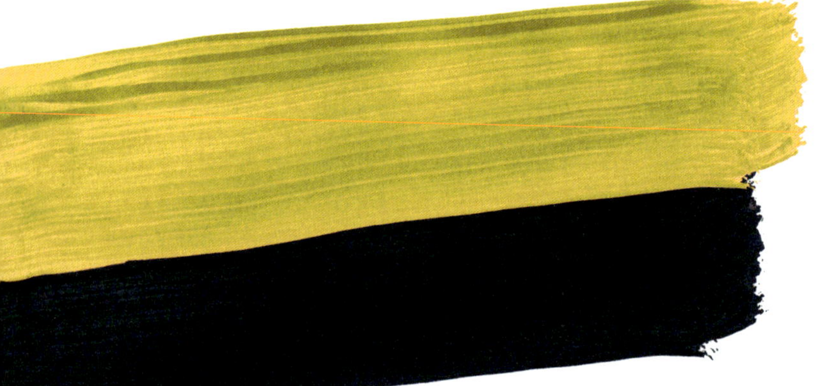

Bei den Großen

Es gab Mittwochabende, da knisterte die Luft in Dresden auf ganz besondere Art und Weise. Eine ungeheure Spannung baute sich auf und wenn am späten Nachmittag die Giraffen im Stadion aufleuchteten, wurde denen, die diese Aufregung besonders wahrnahmen, der Weg geleuchtet: Es war Europapokalabend und Dynamo war der Gastgeber.

In den Jahren unter Walter Fritzsch war Dynamo Dauergast in den europäischen Stadien. 42 der insgesamt 98 Europapokalspiele liefen unter seiner Leitung. Damit prägte er maßgeblich eine Epoche, an die sich die Fans auch heute noch gern erinnern.

Namhafte Gegner gaben in den verschiedenen Europapokalwettbewerben ihr Stelldichein in Dresden. Mannschaften wie Leeds United, Ajax Amsterdam, der FC Porto, Torpedo Moskau, Benfica Lissabon. Gleich dreimal war der FC Liverpool bei Dynamo und Walter Fritzsch zu Gast. Ein Unentschieden und einen Sieg gab es in diesen sechs Partien aus schwarz-gelber Sicht zu bejubeln.

Doch nicht immer war gegen die Großen der Branche Schluss. Durch die Präsenz des ersten innerdeutschen Duells verlieren sich die beiden Spiele gegen den damaligen 15-fachen italienischen Meister Juventus Turin ein wenig. Der Verein aus dem Norden Italiens war bereits eine große Nummer in Europa. Im Finale des Messepokals 1970/71 scheiterte „Die Alte Dame" mit zwei Unentschieden aufgrund der Auswärtstorregel an Leeds United, im Europapokal der Landesmeister am 30. Mai 1973 durch ein frühes Gegentor knapp an Ajax Amsterdam.

Zur neuen Saison wurde ihnen in der ersten Runde das gefühlte Leichtgewicht Dynamo Dresden zugelost. Als leichte Kost sollten sich die Dynamos jedoch nicht erweisen.

Der Sportgemeinschaft fehlten im Hinspiel aufgrund von Verletzungen wichtige Spieler wie Hans-Jürgen Dörner, Frank Richter und Dieter Riedel. Abwehrturm Klaus Sammer saß, von einer Venenentzündung noch nicht wieder vollständig genesen, nur auf der Bank. In der Innenverteidigung mussten daher mit Christian Helm und Udo Schmuck erstmals zwei 21-Jährige mit der Erfahrung von zusammen gerade einmal 22 Oberligaspielen unter den hell erleuchteten Flutlichtgiraffen ran. Im Mittelfeld schauten alle gebannt auf Hartmut Schade, einen 18-Jährigen, der sich langsam in der ersten Elf festspielte. Juventus Turin hatte mit einem Altersdurchschnitt von 25,5 Jahren keine alte Mannschaft, jedoch mit Dino Zoff, dem langjährigen Nationaltorhüter Italiens, oder auch José Altafini, einem in die Jahre gekommenen Stürmer, der 1958 mit Brasilien bereits Weltmeister war, mehrere Haudegen in ihrer Mannschaft, die dem Dresdner „Kindergarten" an Abgezocktheit und Cleverness überlegen waren. Doch die Dresdner mit ihrem Tempofußball überrannten die verdutzen Italiener. Die Sächsische Zeitung überschlug sich vor Lob über die großartige Leistung, die Dynamo beim 2:0 mit Toren von Hans-Jürgen Kreische und Hartmut Schade vor 30.000 begeisterten Zuschauern geliefert hatte. Sie schrieb: „Diese Partie dürfte zu den stärksten, wenn nicht zur stärksten der Dresdner zählen, die sie bisher im Cupwettbewerb zeigten." Dynamo hatte „Juve" das Fürchten gelehrt".

Zwei Wochen später ging es für die Dresdner Bezirksauswahl, in der einzig der gebürtige Sonneberger Reinhard Häfner nicht in Dresden oder der nahen Umgebung geboren oder aufgewachsen war, zum Rückspiel nach Italien.

Die Gastgeber begannen stürmisch. Angriffswelle um Angriffswelle schob sich vor das Tor von Claus Boden. Nach gerade einmal 30 Minuten stand es bereits 3:1 für den italienischen Meister. Einzig ein Freistoßtreffer von Horst Rau hielt Dynamo im Spiel. Nach und nach konnte sich die SGD etwas aus dem Angriffsdruck befreien und den Ball länger in den eigenen Reihen halten. Als eine Viertelstunde vor dem Ende Rainer Sachse traf, musste Juventus dem hohen Anfangstempo Tribut zollen und konnte dem Spiel keine weitere Wende mehr geben.

Während die Mannschaft überglücklich war, sorgte Trainer Walter Fritzsch in einem Interview, das die Sächsische Zeitung abdruckte, dafür, dass niemand abhob: „... nach dem 1:2 wurde es zeitweise ziemlich schlimm für uns, als die Übersicht in der Mannschaft völlig verloren ging."

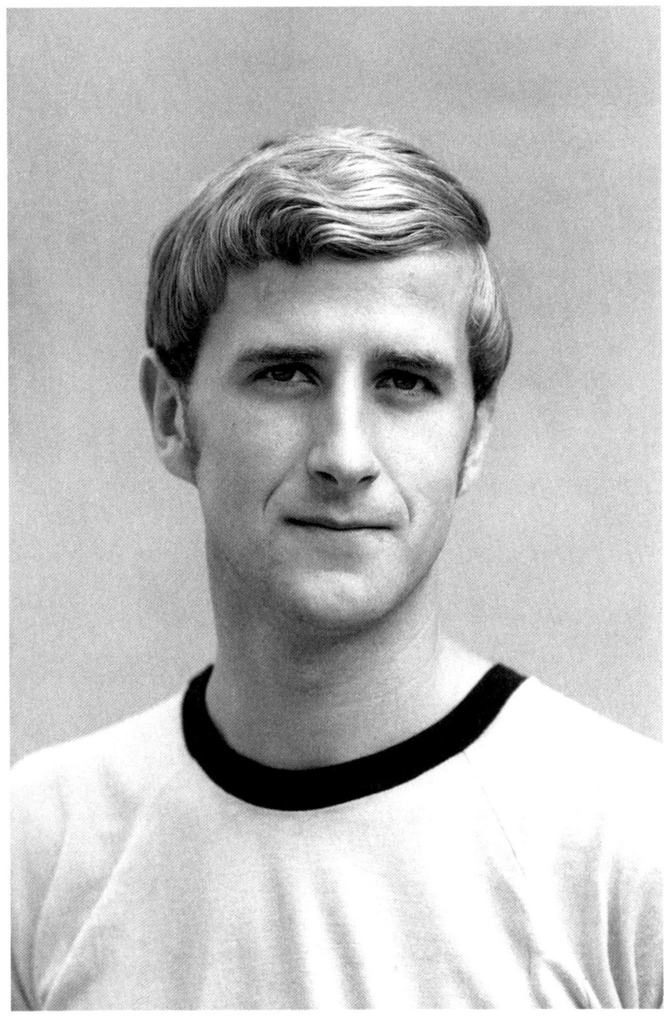

Hans Jürgen Kreische traf im legendären Spiel gegen Juventus Turin.

… aber sie fielen nicht

In Dresden war man nach dem Sieg gegen Juventus Turin noch nicht mit dem Feiern fertig, da wurde das nächste große Ding schon angekündigt. Gegner im Achtelfinale würde kein geringerer als der FC Bayern München sein. Das erste innerdeutsche Meisterduell zwischen den zu der Zeit attraktivsten Mannschaften verhieß zwei volle Stadien und elektrisierte Fans auf beiden Seiten.

Glücklich war, wer irgendwie an Karten kam. Es war zumindest in Dresden keine Seltenheit, sich vor Europapokalspielen mit einem Campingstuhl und heißem Tee bewaffnet bereits einen Abend vor Beginn des offiziellen Kartenverkaufes vor einer der wenigen Verkaufsstellen einzufinden. Man konnte sich sicher sein, die Nacht nicht allein zu verbringen. Wer auf das nächtliche Campieren verzichtete und sich erst zu Beginn des Vorverkaufes aufmachte, stellte sich am Ende der bis dahin stark angewachsenen Schlange an und ging nach wenigen Stunden – da waren die Spiele bereits ausverkauft – enttäuscht wieder nach Hause.

Dynamo überließ nichts dem Zufall. Walter Fritzsch reiste in offizieller Begleitung der Staatsmacht in die BRD und schaute sich dort das 4:2 gegen Duisburg sowie das bayrische Desaster

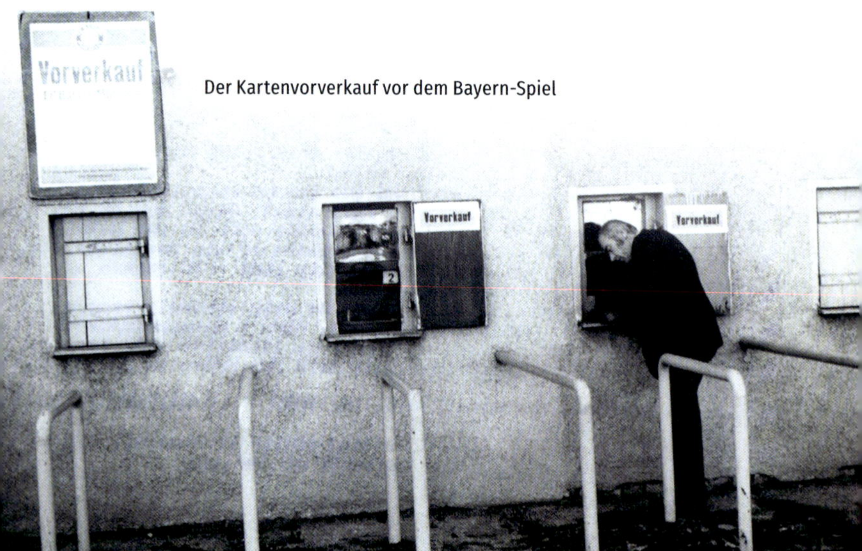

Der Kartenvorverkauf vor dem Bayern-Spiel

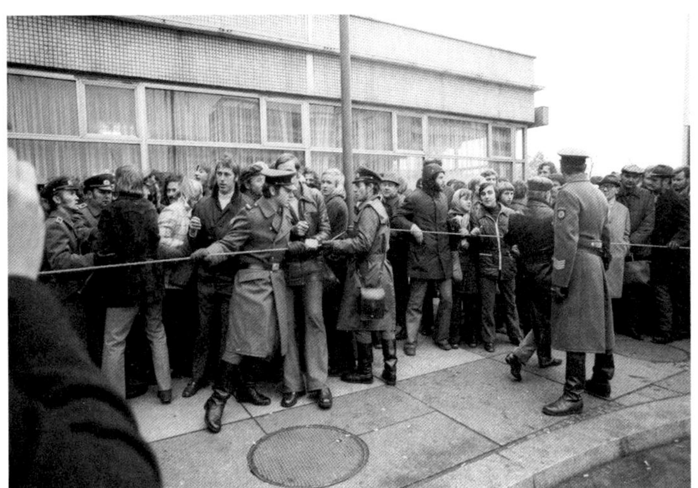

Warten auf Bayern München

von 4:7 in Kaiserslautern an. Bayerns Trainer Udo Lattek und Manager Robert Schwan sahen wiederum eine 0:3-Niederlage Dynamos in Zwickau in einem Spiel, in dem es der Dresdner Mannschaft vor allem darum ging, die eigenen Einsatzchancen nicht durch eine mögliche Verletzung zu gefährden. So richtig schlau aus dem jeweiligen Konkurrenten geworden waren im Anschluss weder die Bayern noch Walter Fritzsch.

Die Dresdner Generalprobe gegen den ungeliebten Stiefbruder BFC Dynamo verfolgte auch das ZDF vor Ort und sah einen 3:1-Erfolg der Dresdner, die an diesem Tag ohne sechs vermeintliche Stammspieler antraten. Die Dresdner blieben für den Favoriten aus Bayern weiter nicht wirklich greifbar.

So kam es am 24. Oktober 1973 nach dem Erfolg gegen Juventus Turin zum nächsten großen Kracher. Das Stadion der Bayern war wider Erwarten nicht völlig gefüllt, ein gewaltiger Topzuschlag ließ an diesem Abend sichtbar einige Plätze frei. 1.000 Anhänger hatte Dynamo mitgebracht. Die persönlich Auserwählten, zumeist hauptamtliche Mitarbeiter des Ministeriums für Staatssicherheit, fielen dabei vor allem auf, weil sie üblicherweise keine Spiele der SGD besuchten. Die Unterstützung der Mannschaft blieb entsprechend überschaubar.

Dynamo brachte mit seinem gnadenlosen Offensivdrang die Bayern deutlich mehr in Verlegenheit, als es denen lieb war. Zur Pause führten die Dresdner durch zwei Tore von Rainer Sachse und einem von Gert Heidler sogar 3:2 beim Favoriten – am Ende waren die Roten froh, mit zwei blauen Augen und einem 4:3 zumindest mit einer Führung nach Dresden einreisen zu dürfen.

Zum Rückspiel in Dresden zeigte sich die DDR dann von ihrer wahren Seite. Vor dem Stadion waren schon im Vorfeld mehrere Ringe gezogen worden, die festlegten, wer sich bis wohin überhaupt bewegen durfte. Einwohner wurden teilweise in Hotels umquartiert, alles nur, um unerwünschte Kontakte zwischen Ost und West zu minimieren.

Bayern München hatte nicht ganz unberechtigte Sorgen. Um seine Spieler nicht länger dem Osten auszusetzen als nötig, reisten sie nicht, wie es vorgeschrieben war, am Vortag an, sondern erst am Spieltag. Ihre offizielle Begründung des gewaltigen „Höhenunterschiedes zwischen München und Dresden“ sorgte eher für Schenkelklopfer als für Verständnis. Die Teamsitzung im Hotel, das so verwanzt war, dass sie nahezu öffentlich war, zeigte deutlich, mit welcher

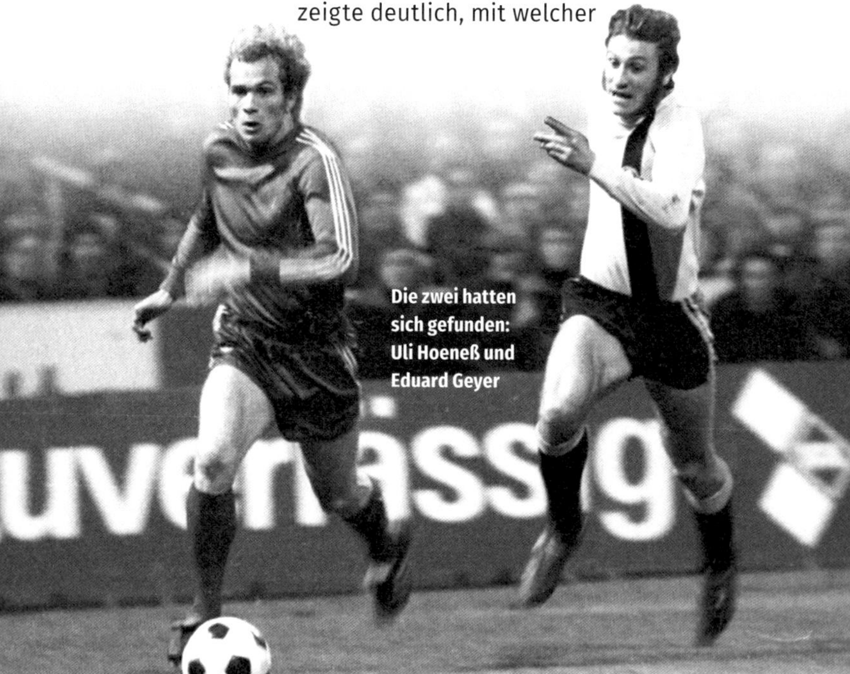

Die zwei hatten sich gefunden: Uli Hoeneß und Eduard Geyer

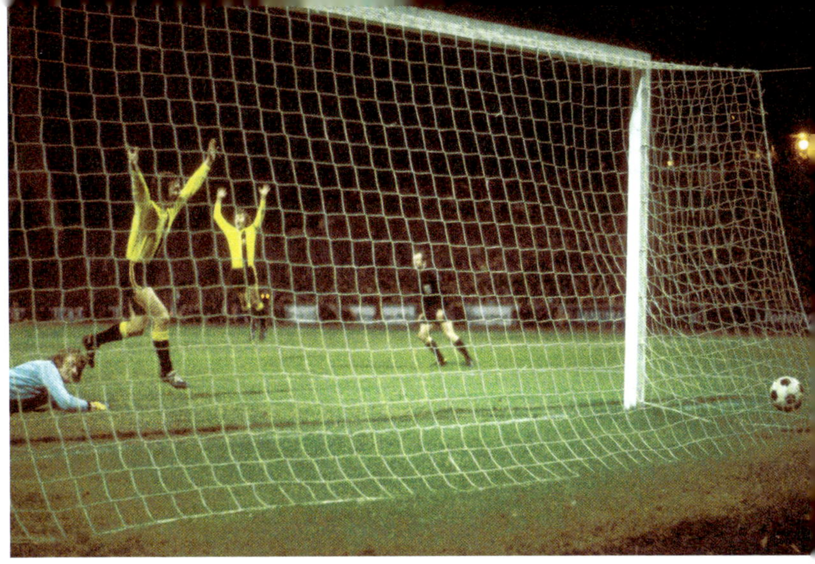

Dresden jubelt, Nationaltorhüter Sepp Maier liegt am Boden.

Skrupellosigkeit nicht nur die 90 Minuten auf dem Feld gekämpft wurde. Es ging in diesem Duell um viel mehr als ein machbares Viertelfinale.

Nach 13 Minuten war der Traum, nach Juventus die nächste große Mannschaft aus dem Pokal zu werfen, für Dynamo eigentlich ausgeträumt. Vier Konter der Bayern, zweimal entwischte Uli Hoeneß Eduard Geyer, zweimal ließ Hoeneß Claus Boden keine Chance.

Auch in Dresden war die Quote „hauptamtlicher" Heimbesucher sehr hoch, die Anzahl wahrer Fans reichte aber, um die Mannschaft noch einmal nach vorne zu peitschen. Kurz vor der Pause hielt Sigmar Wätzlich die Hoffnung aufrecht, kurz nach der Pause sorgten Hartmut Schade sowie sein 21-jähriger Mittelfeldkompagnon Reinhard Häfner plötzlich dafür, dass Bayern München nicht nur wackelte, sondern kurzzeitig sogar ausgeschieden war. Doch nur für wenige Minuten, dann bewies Gerd Müller einmal mehr seinen Ausnahmestatus. 3:3, dabei blieb es bis zum Spielende. Dynamo hatte sich teuer verkauft.

4:3 und 3:3, Dynamos größter Trumpf war zugleich Dresdens größtes Manko. Volle Offensive, egal, was das Spiel verlangte.

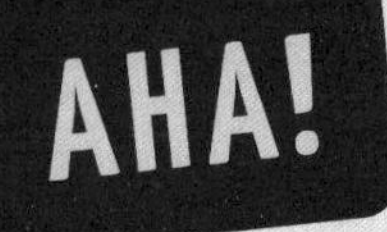

Heimspielmacht

Die neun Jahre unter Walter Fritzsch waren, wenn es um Titel und Erfolge geht, die erfolgreichsten der dynamischen Vereinsgeschichte. Es gab noch weitere Bestmarken, die in dieser Zeit aufgestellt wurden und die auch teilweise heute noch bestehen.

Am 1. November 1969, im letzten Heimspiel der Hinrunde, verlor Aufsteiger Dynamo Dresden zu Hause mit 1:2 gegen den späteren Meister FC Carl Zeiss Jena. Und mehr als vier Jahre später verlor der amtierende Meister aus Dresden im letzten Spiel der Hinrunde ebenfalls gegen den FC Carl Zeiss Jena, diesmal mit 1:3.

Soweit nicht ungewöhnlich, stellten die Jenaer doch eine sehr starke Mannschaft in dieser Zeit. Herausragend aber waren die 51 Oberligaspiele zwischen den beiden Spielen, in denen Dynamo ohne Niederlage blieb. In dieser Zeit gab es 44 Siege und sieben Unentschieden. In Bedrängnis geriet Dynamo selten, einzig der Namensvetter aus Berlin schien in seinen Dresdner Gastspielen eine Herausforderung darzustellen. Nach einem 0:0 im April 1970 waren sie noch zweimal knapp davor, die Dresdner Serie zu zerstören. Im September 1971 konnten Gert Heidler und Hans-Jürgen Dörner, nachdem es bereits 2:0 für die Gäste gestanden hatte, eine Pleite gerade noch verhindern. Etwas mehr als ein Jahr später gelang Reinhard Häfner zehn Minuten vor dem Abpfiff der Ausgleich zum 1:1. Dörner wie auch Häfner trafen dabei jeweils vom Elfmeterpunkt.

Der Gast zum Jubiläum, dem 50. Oberligaheimspiel ohne Niederlage, war – wie könnte es anders sein – erneut der BFC Dynamo. Diesmal war das Ergebnis mit 3:1 etwas deutlicher. Es war die Generalprobe vor dem innerdeutschen Aufeinandertreffen mit dem FC Bayern München. Vielleicht war es der Vorfreude gegenüber dem Ost-West-Duell vier Tage später geschuldet, jedenfalls fand diese stolze Serie in der Presse keine Erwähnung.

Das Spiel, so glaubten Uwe Karte und Gert Zimmermann, die Herausgeber der Dynamofibel „Das Dynamo-Buch, Dynamo Dresden 1953-2013“, hatte auch ein Geschmäckle. Denn dem bevorstehenden Spiel gegen die Bayern wurden sämtliche Prioritäten eingeräumt. So kam die Aufforderung aus Berlin, „in Zusammenarbeit mit den Vorständen zu sichern, dass das Oberliga-Punktspiel am 20. Oktober 1973 so abläuft, dass keine Verletzungen der Spieler beider Mannschaften auftreten und das Spiel der optimalen Vorbereitung der Mannschaft der SG Dynamo Dresden auf die Cup-Spiele dient.“ Diese Zeilen muss man nicht kommentieren.

Nachdem im 51. Spiel Lok Leipzig bezwungen worden war, riss am 8. Dezember 1973 die grandiose Serie gegen Jena. Dem Sportredakteur der Sächsischen Zeitung, Herbert Heidrich, gelang es nicht, seinen Ärger darüber zu verbergen. Zu enttäuscht über die Niederlage, fand die bemerkenswerte Serie über einen Zeitraum von mehr als vier Jahren ohne Oberligaheimniederlage in seiner Berichterstattung keinerlei Beachtung. Lieber kritisierte er: „Am Wollen der Dynamos, den Rückstand wettzumachen, gab es keinen Zweifel. Am Können, dieses Vorhaben auch zu realisieren, mangelte es an diesem Tage doch. Es fehlte an Dynamik in den Angriffsaktionen ...“.

Walter Fritzsch hätte es wahrscheinlich nicht besser ausdrücken können.

Nervenflattern

Walter Fritzsch hat bei Dynamo sportlich hohe Messlatten für seine Nachfolger ausgelegt. Im Vergleich mit dem Erfolgstrainer war und ist schwer mitzuhalten. Fünf Meistertitel und zwei Siege im FDGB-Pokal, die Dynamo als erster Mannschaft 1971 und 1977 als Double gelangen, dazu noch Dauergast in Europas Cupwettbewerben: Es war leicht, diesen Vergleich mit Walter Fritzsch zu verlieren.

Möchte man das Haar in der Suppe finden, sollte man genauer auf den FDGB-Pokal schauen. Zwei Pokalsiege klingen gut und sind es selbstverständlich auch, nur gab es in dieser Zeit noch vier weitere Finalteilnahmen.

Als Aufsteiger war im April 1970 im Viertelfinale gegen Lok Leipzig Endstation, ein Jahr später feierten die Schwarz-Gelben den ersten Doublegewinn mit einem 2:1 nach Verlängerung gegen den BFC Dynamo. Dem BFC eins auszuwischen, war bereits Anfang der 70er Jahre die Extraportion Sahne auf der Saisontorte. In den folgenden Jahren stellte sich jedoch eine Art Angststarre ein, wenn das Endspiel für Dynamo näher rückte.

Bereits 1972 erreichte die Mannschaft erneut das Finale. Eine Titelverteidigung hatte es in der Geschichte des FDGB-Pokals noch nie gegeben. Das war sowohl für Dynamo eine Extraportion Motivation als auch für den Gegner. Die Dresdner gingen durch Hans-Jürgen Dörner in Führung, verloren am Ende aber mit 1:2 gegen den großen Konkurrenten Carl Zeiss Jena.

Die Saison 1972/73 bot eine Neuerung, so wurden die Pokalspiele ab dem Achtelfinale im Europapokalmodus ausgespielt. Wie zwei Jahre zuvor, als Dynamo gegen Leeds United nur am Torverhältnis scheiterte, stand es diesmal im Viertelfinale gegen Lok Leipzig nach zwei Spielen 3:3, mit zwei Auswärtstoren der Leipziger. Dynamo war raus. Im Gegensatz zu Leeds verloren die Leipziger ihr Finale.

Im Winter 1973/74 bekamen im Halbfinale die Berliner Dynamos ihre Grenzen gezeigt, nach einer 0:1-Niederlage in Berlin gewann die Sportgemeinschaft durch zwei Tore von Peter Kotte zu Hause mit 2:0. Der BFC war raus, die SGD freute sich über das Erreichen des Finales. Dort gab es anschließend lange Gesichter, als Dynamo in der Verlängerung Carl Zeiss Jena den Pott überlassen mussten.

1975 bot dann ein buntes Potpourri der Gefühle. Während Zwickau jubelte, war Dresden ratlos bis niedergeschlagen, zusätzlich tobte Erich Mielke in Berlin. Dynamo Dresden hatte sein zweites Finale im FDGB-Pokal in Folge verloren. Diesmal auf dramatische Art im Elfmeterschießen, als die Betriebssportgemeinschaft aus

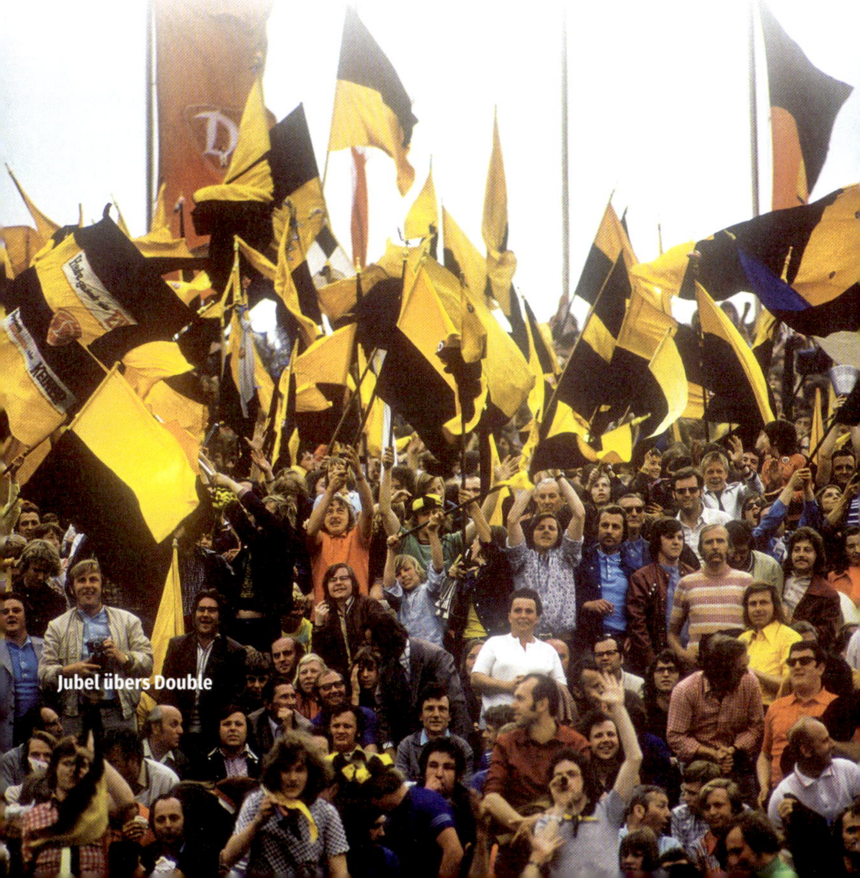

Jubel übers Double

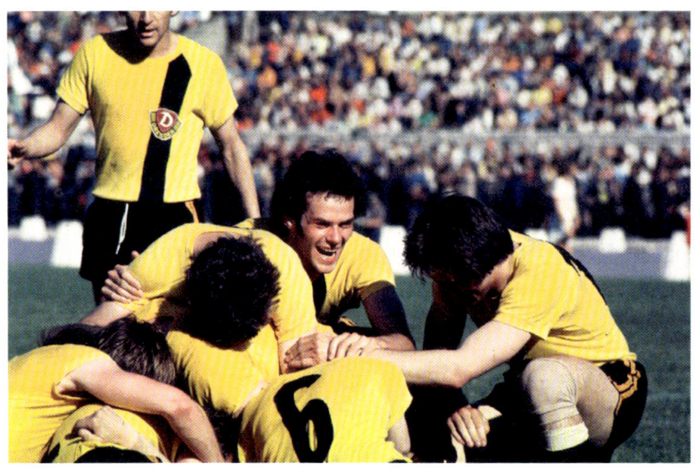

Dynamische Mannschaftsfreude

Zwickau triumphierte. Dadurch schaute der BFC Dynamo als Vierter der Abschlusstabelle in die Röhre. Hätten die Schwarz-Gelben gewonnen, wären sie im Cup der Pokalsieger angetreten und der BFC wäre im UEFA-Pokal nachgerutscht. So aber war Dynamo für den UEFA-Pokal qualifiziert und Zwickau spielte gegen Europas Pokalsieger. Der BFC dagegen durfte nur zuschauen.

Neue Saison, neuer Versuch, endlich Glück? Schwierig! Bis ins Halbfinale lief alles planmäßig. Das Hinspiel in Leipzig klang mit 1:1 erfolgversprechend, nach dem Rückspiel und dem dritten Scheitern gegen Lok in Folge war es dem Zufall zu viel. Lok Leipzig lagen Mannschaft und Trainer nicht, zumindest im Pokal. Der Meistertitel mit zwei Siegen gegen die Messestädter entschädigte dafür ein wenig.

1977 wurden die Fans noch einmal erfreut. Nach den Finalniederlagen 1972 und 1974 konnte im Halbfinale endlich der FC Carl Zeiss Jena bezwungen werden. Nach der Schmach von 1975 gegen Zwickau sollte im vierten Versuch endlich der Pokal mal wieder nach Dresden gehen. Der Gegner war ausgerechnet Lok Leipzig. Hatten die beiden Spiele gegen Jena die Köpfe freispülen können oder war das Omen mit drei Finalniederlagen in Folge sowie drei Pokalpleiten gegen Lok Leipzig für Dynamo beeindruckender?

Dynamo reiste als frisch gebackener Meister nach Berlin. Mit acht Nationalspielern auf dem Feld gegenüber drei auf der Leipziger Seite klang das Wort „Favorit“ nicht untertrieben, nur zeigte es sich nicht auf dem Feld. Die vorherigen Pokalpleiten schienen in den Köpfen zu stecken, denn das gefürchtete Kurzpassspiel der Dresdner war nicht erkennbar. Eher schien es so, als sollten zuerst mögliche Konter der Leipziger unterbunden werden. Mit 0:0 ging es in die Kabine, direkt nach Wiederbeginn ging das Spiel dann endlich los. Einen von einem Leipziger Spieler abgefälschten Ball konnte Rainer Sachse im Tor unterbringen. Doch das Tor gab Dynamo keine Sicherheit, im Gegenteil: Nach zwei erfolgreichen Kontern führte die Lok-Mannschaft kurz vor dem Ende des Spiels. Alles also wie immer? Zum Glück nicht. Die Dresdner Mannschaft konnte durch Gerd Weber in der 85. Spielminute ausgleichen und als alle tief durchatmeten, dass zumindest die Verlängerung im Bereich des Möglichen lag, schoss Reiner Sachse sein zweites Tor im Spiel und machte sich damit zum dynamischen Helden an diesem Finaltag.

Alle Traumata überwunden?

Ein Jahr später, gegen den 1. FC Magdeburg erneut im Finale, spielte Dynamo gefällig mit, verlor dennoch mit 0:1

Auch der Bann gegen den 1. FC Lok Leipzig konnte im Finale 1977 nur kurz durchbrochen werden. Im weiteren Verlauf des FDGB-Pokals zog Dynamo Dresden auch bei zwei späteren Aufeinandertreffen den Kürzeren.

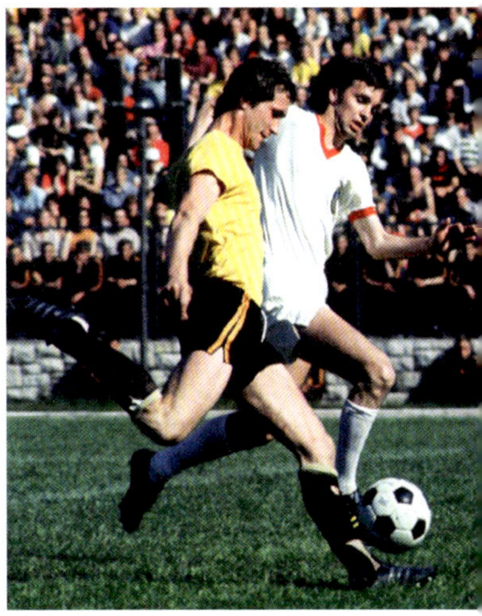

Gerd Weber mit Ball attackiert von Klaus Lisiewicz, 1. FC Lok Leipzig

Dynamo Dresden. Eine Zeitreise

1. Oktober 1948 Gründung der Sportvereinigung Deutsche Volkspolizei.

Sommer 1950 Eingliederung der SV Deutsche Volkspolizei in die DDR-Oberliga.

2. September 1950 Gewinn des ersten Oberligaspieles in Stendal mit 2:0, erster Torschütze ist Günter „Moppel" Schröter.

14. September 1952 Erstmaliger Gewinn FDGB-Pokal durch ein 3:0 gegen Einheit Pankow.

12. April 1953 Umbenennung der SV Deutsche Volkspolizei in SG Dynamo Dresden.

5. Juli 1953 Erste DDR-Meisterschaft durch ein Entscheidungsspiel, 3:2 n. V. gegen BSG Wismut Aue.

21. November 1954 Delegierung der Mannschaft nach Berlin, Fortsetzung der Saison als SC Dynamo Berlin.

21. Januar 1955 Eingliederung der SG Dynamo Dresden in den laufenden Spielbetrieb der DDR-Liga, Staffel 3, erstes Punktspiel gegen Fortschritt Hartha wird 1:2 verloren, erster Torschütze in der DDR-Liga ist Günter Hamel.

14. November 1956 Abzug von neun Punkten nach Saisonende, Abstieg in Bezirksliga.

Mai 1962 bis Mai 1964 Fahrstuhljahre: Oberligaaufstieg, Oberligaabstieg und erneuter Aufstieg.

Erstes Europapokalspiel im Messepokal mit 1:1 gegen Glasgow Rangers, erster Europapokaltorschütze ist Dieter Riedel. 20. September 1967

Oberligaabstieg sowie Aufstieg in die DDR-Oberliga. Juni 1968 bis April 1969

Einweihung Flutlichtanlage im Spiel Dynamo gegen DDR-Auswahl, Ergebnis 2:3. 3. September 1969

Erstes Double aus Meisterschaft & Gewinn FDGB-Pokal. Juni 1971

Dritte Meisterschaft. 20. Juni 1973

Vierte Meisterschaft. 22. Mai 1976

Fünfte Meisterschaft & zweites Double. Mai 1977

Sechste Meisterschaft, Ende der Trainertätigkeit von Walter Fritzsch. 3. Juni 1978

Erfolglose Einwechslung von Torwart Bernd Jakubowski im Europapokalspiel gegen Austria Wien sieben Minuten vor Spielende als Stürmer, um erstmals ein Halbfinale in einem Europäischen Cupwettbewerb zu erreichen. 21. März 1979

Inbetriebnahme der neuen elektronischen Anzeigetafel im Punktspiel gegen den 1. FC Magdeburg. 6. Juni 1979

Die Karrieren der Nationalspieler Gerd Weber, Peter Kotte und Matthias Müller werden aufgrund einer geplanten Republikflucht beendet. Januar 1981

Pokalsieger-Triple gegen BFC Dynamo, nach 1982 und 1984 wird der Serienmeister zum dritten Mal im Finale bezwungen. 8. Mai 1985

.... 19. März 1986 Dynamo Dresden ist Teil des „Größten Fußballspieles aller Zeiten“.

..... 5. und 19. April 1989 UEFA-Pokal-Halbfinale gegen den VfB Stuttgart, erstmalige Teilnahme in einem Halbfinale eines europäischen Cup-Wettbewerbes.

.... 10. Mai 1989 Siebte Meisterschaft.

.... 26. Mai 1990 Im Buch „50 Jahre, 50 Interviews“ verrät der damalige Stadionsprecher Gert Zimmermann, wie es ihm gelang, Dynamo zur achten Meisterschaft zu quatschen. Die vor dem letzten Spieltag punktgleichen Konkurrenten FC Karl-Marx-Stadt und 1. FC Magdeburg haben im direkten Duell zur Pause noch keine Tore erzielt, während Dynamo zurückliegt und damit am Ende nur Dritter wäre. Gert Zimmermann gibt mit einem 2:0 für Karl-Marx-Stadt „eigene“ Halbzeitstände an. Dynamo ist gezwungen, offensiver zu spielen. Reinhard Häfner wechselt den Offensivspieler Sven Ratke ein, der den 3:1 Endstand erzielt. Dynamo feiert.

.... 28. Mai 1990 Umbenennung in 1. FC Dynamo Dresden.

.... 3. Juni 1990 Siebter Titel im FDGB-Pokal.

.... 20. März 1991 Spielabbruch im 98. und bisher letzten Europapokalspiel gegen Roter Stern Belgrad nach massiven Ausschreitungen.

.... 13. August 1991 Erster Sieg im dritten Bundesligaspiel mit 2:1 gegen Eintracht Frankfurt, erster Bundesligatorschütze ist Torsten „Horstl“ Gütschow.

.... 21. Januar 1993 Bauunternehmer Rolf-Jürgen Otto wird Präsident.

Aus einem Lizenzentzug wird ein Vier-Punkte-Abzug sowie 100.000 DM Strafe wegen Lizenzerschleichung. — Mai 1993

Lizenzverweigerung für die Saison 1995/96 aufgrund Schulden von 18 Mio DM, Zwangsabstieg in Regionalliga Nord/Ost. — 7. Mai 1995

Verhaftung von Präsident Rolf-Jürgen Otto wegen Untreue, Bankrott und Konkursverschleppung seiner Hoch- und Tiefbaufirma. — 2. August 1995

Spielabbruch der Regionalligapartie gegen den VfB Leipzig nach massivem Feuerwerkskörpereinsatz durch beide Fanlager, Spielwertung 2:0 für Dynamo. — 17. September 1999

Die letzte Chance, die neu strukturierte Regionalliga zu erreichen, wird nach einem 0:0 gegen Sachsen Leipzig verspielt. Dynamo spielt wieder Oberliga und damit viertklassig — 13. Mai 2000

Erneute Krawalle im Punktspiel zwischen Dynamo und dem VfB Leipzig, im Anschluss Abzug von drei Punkten für Dynamo. — 16. April 2001

Aufstieg in die Regionalliga Nord nach einem 0:0 im Relegationsrückspiel bei Hertha BSC (A). — 9. Juni 2002

Massive Ausschreitungen nach einem 0:0 im Punktspiel gegen den Dresdner SC. — 1. September 2002

Aufstieg in die 2. Bundesliga. — 5. Juni 2004

Gewinn des ersten Spieles in der 2. Bundesliga mit 3:1 gegen MSV Duisburg, erster Torschütze in der 2. Bundesliga ist Karsten Oswald. — 7. August 2004

19. März 1986 Ein Hubschrauber föhnt den Rasen im Dynamostadion. Um die 120.000 Liter Wasser können aus dem Boden gepumpt werden, damit das Spiel gegen den TSV 1860 München stattfinden kann.

13. Mai 2006 Abstieg mit 41 Punkten aus der 2. Bundesliga.

4. Mai 2007 Vertragsunterschrift für den Neubau des Rudolf-Harbig-Stadions.

1. Juli 2007 Rückbenennung des Vereins in Sportgemeinschaft Dynamo Dresden.

24. Mai 2008 Qualifikation für die neu geschaffene 3. Liga.

25. Juli 2008 Gewinn des Eröffnungsspieles der 3. Liga beim FC Rot-Weiß Erfurt mit 1:0, erster Torschütze in der 3. Liga ist Halil Savran.

17. Juni 2009 Dritter Sieg im Sachsenpokal mit der 2. Mannschaft, die mit 2:1 n. V. den VFC Plauen besiegt, der zwei Spielklassen höher spielt. Die Erste Mannschaft scheiterte bereits in der 1. Runde am FSV Zwickau.

15. September 2009 Einweihung des neuen Rudolf-Harbig-Stadions in einem Freundschaftsspiel gegen Schalke 04.

24. Mai 2011 Aufstieg in die 2. Bundesliga nach einem 3:1 n. V. im Relegationsrückspiel beim VfL Osnabrück.

30. Juli 2011 Größte Aufholjagd der Geschichte des DFB-Pokals. Dynamo gewinnt gegen Vizemeister Bayer Leverkusen mit 4:3 n. V. nach einem 0:3 Rückstand.

11. März 2012 Geisterspiel gegen Ingolstadt. Das Stadion ist mit insgesamt 41 738 Geistern mehr als ausverkauft.

Ausschluss aus der DFB-Pokal-Saison 2013/14 nach wiederholten Krawallen in Pokalspielen. 10. Dezember 2012 …

Klassenerhalt stellvertretend für den SV Sandhausen nach 2:0 im Relegationsrückspiel gegen den VfL Osnabrück. Durch den einen Tag später bekannt gegebenen Lizenzentzug des MSV Duisburg rutschten diese ans Tabellenende und der SV Sandhausen vom 17. auf den 16. Tabellenplatz. Dank des Dresdner Relegationssieges blieb Sandhausen in der 2. Bundesliga. 28. Mai 2013 …

Abstieg in die 3. Liga. 11. Mai 2014 …

Im Spiel gegen den 1. FC Magdeburg wird die größte Blockfahne Europas über das ganze Stadion (mit Ausnahme des Gästeblocks) gelegt. 31. Oktober 2015 …

Schuldenfreiheit nach mehr als 25 Jahren in den Miesen. 21. März 2016 …

Ein Lila-Schwein schwebt im Spiel gegen einen gleichfarbigen Verein durch das Stadion. 30. April 2016 …

Allzeitrekord mit 31.644 Zuschauern im neuen Stadion gegen die SG Sonnenhof-Großaspach, als die Fans beider Vereine gemeinsam ohne Blocktrennung das Spiel verfolgen. 14. Mai 2016 …

„Feldi statt Brause" in der 1.Runde des DFB-Pokals, 5:4 n. E. (2:2) gegen Rasenballsport. 20. August 2016 …

Abstieg in die 3. Liga nach coronadurchseuchter Saison. 28. Juni 2020 …

Aufstieg in die 2. Bundesliga. Massive Krawalle im Großen Garten trüben die Freude der gezeigten Leistungen der Mannschaft über die Saison. 16. Mai 2021 …

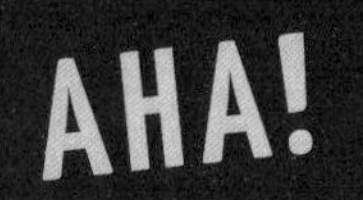

Pech, Unvermögen oder Eingriff von außen

Wie in den ersten Kapiteln dieses Buches beschrieben, fehlte es in den 50er Jahren nicht an Kreativität, Dinge von außen in eine gewünschte Richtung zu lenken. Eine unbeliebte Mannschaft wurde aufgelöst, die Hauptstadt wurde in einer Sommerpause mit mehreren nicht qualifizierten Mannschaften verstärkt, an Funktionärsschreibtischen wurden während einer laufenden Saison Mannschaften in andere Städte der DDR verschoben.

Doch waren die 70er und 80er anders?

Auf Dynamo Dresden warteten im Sommer 1978 große Veränderungen. Assistenztrainer Gerhard Prautzsch sollte nach drei Meisterschaften in Folge in die übergroßen Fußstapfen des Kleinen Generals hineinwachsen und dazu noch dessen Mängel in der Mannschaftsführung beseitigen.

Auf der Meisterfeier der SG Dynamo Dresden ließ es sich der erste Vorsitzende der Sportvereinigung Dynamo und Staatssicherheitschef der DDR, Erich Mielke, in seiner Rede nicht nehmen, öffentlich mitzuteilen, dass die falsche Dynamo-Mannschaft Meister geworden sei und nun einmal die anderen dran wären.

Der Dresdner Sportjournalist Jochen Leimert ließ in seinem Buch „Einmal Dynamo, immer Dynamo!“ einige Protagonisten der damaligen Zeit zu Wort kommen. So erinnerte sich der bis zu diesem Zeitpunkt als Co-Trainer tätige Gerhard Prautzsch, den Worten Erich Mielkes anfangs nicht so große Bedeutung beigemessen zu haben. Der damalige Kapitän der Mannschaft, Hans-Jürgen Dörner, bewertete die beinahe untergegangene Aussage Mielkes nachträglich anders als auf der Meisterfeier, da zwei Jahre später mit dem zweiten Titel des BFC klar wurde, dass sich im Fußball der DDR etwas verändert hatte. Sichtbar wurde dies mit merkwürdig anmutenden Entscheidungen der Schiedsrichter. Ein Beispiel für Gerhard Prautzsch und Hans-Jürgen Dörner ist der

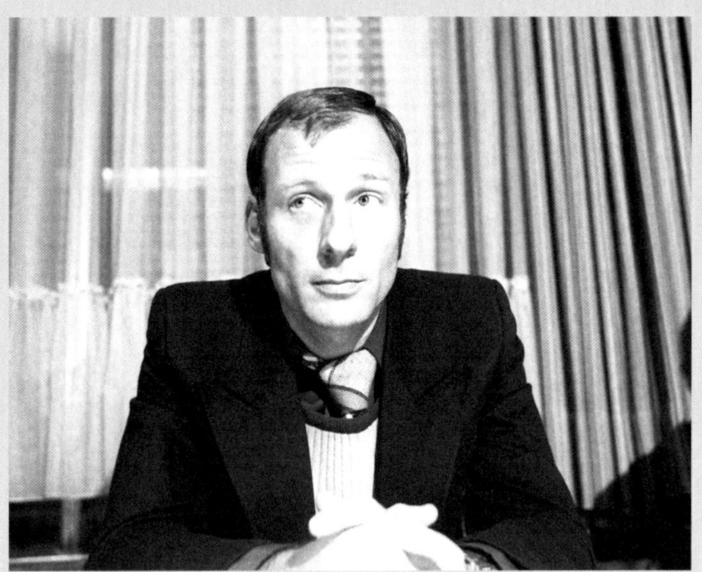

Trainer Gerhard Prautzsch

letzte Spieltag der Saison 1979/80. Über die gesamte Spielzeit gab es einen harten Zweikampf zwischen den beiden Dynamo-Mannschaften aus Berlin und Dresden. Die Sportgemeinschaft war von Saisonbeginn an bis kurz vor dem letzten Spieltag Tabellenführer, nur kurzzeitig von den Berlinern am 19. und 20. Spieltag verdrängt. Andere Vereine spielten in besagter Saison bei der Titelvergabe rasch keine Rolle mehr. Bis zum Saisonende hatten SGD und BFC einen Vorsprung von zehn Punkten auf den ersten Verfolger herausgespielt.

Die Berliner besaßen vor dem letzten Spiel, das ausgerechnet das interne Duell bereithielt, den Vorteil des Heimrechts. Ihr Torverhältnis war gegenüber den Dresdnern deutlich besser, würde aber die Meisterschaft nicht mehr entscheiden. Es war ganz einfach: Gewann der BFC, würden sie ihren Meistertitel verteidigen, ansonsten würden die Bierkästen bei den Dresdnern herumgereicht werden.

Entscheidungsspiele am letzten Spieltag – wer kannte sich damit besser aus als Dynamo Dresden? In der nachträglichen Bewertung hat das Spiel, das 1:0 für den Hauptstadtclub endete, zweifelhafte Züge. Die verschiedenen schwarz-gelben Dynamochroniken stellen immer wieder ein elfmeterreifes Foulspiel am Dresdner Stürmer Peter Kotte und seine Folgen in den Mittelpunkt: das in aussichtsreicher Position für einen Dresdner Torabschluss begangene Foul, das vergebliche Warten auf den Pfiff des Schiedsrichters Hans Kulicke und das 0:1 im direkten Gegenzug für die Berliner durch Norbert Trieloff. Dessen Tor in der 77. Minute entschieden Spiel und Meisterschaft. Berlin feierte die erfolgreiche Titelverteidigung, Dresden fühlte sich betrogen.

In Büchern ohne schwarz-gelbe Vereinsbrille, wie „Die Geschichte der DDR-Oberliga“, taucht in der Bewertung dieses dramatische letzte Spiel mit der mutmaßlich strittigen Szene überhaupt nicht auf. Im Resümee der Saison durch Uwe Krüger, der das Buch „Ostdeutsche Traditionsvereine 1: Dynamo Dresden“ veröffentlichte, waren eher das verletzungsbedingte Fehlen der beiden Stammspieler Hartmut Schade und Matthias Döschner über die gesamte Rückrunde sowie der ausbleibende Druck der Dresdner Angriffsreihe um Peter Kotte Gründe gewesen, wodurch der amtierende Meister auf den letzten Metern doch noch ganz oben ankommen konnte.

Nimmt man die interne Torschützenliste der Saison, in der Mittelfeldspieler Gerd Weber 16 Tore erzielen konnte, die Defensivspieler Udo Schmuck acht, Hans-Jürgen Dörner sieben, Andreas Trautmann sechs, und einzig Peter Kotte als gelernter Stürmer mit ebenfalls acht Treffern unter den besten fünf Torschützen des Vereins auftaucht, so ist diese Sichtweise nicht so weit hergeholt.

Die Worte Erich Mielkes, egal ob sie nebenbei oder in voller Absicht geäußert wurden, blieben im Dresdner Gedächtnis haften. Es würde noch andere Beispiele geben, die ihnen eine Absicht unterstellen, so im folgenden Kapitel.

Nationalspieler und Staatsfeinde

Die Geschichte um die drei Dresdner Nationalspieler Gerd Weber, Peter Kotte und Matthias Müller ist eine der dunkelsten in den Vereinschroniken der SGD. Es war ein Moment, in dem ganz eindeutig von außen Einfluss genommen und ohne Rücksicht auf Verluste gezielt drei Menschen zerstört wurden.

Leider gibt es in dieser Geschichte nicht einmal einen Helden, der sich nach außen sichtbar gegen das Unrecht auflehnte, außer zwei zehn- und elfjährige Schüler, die auf einer Liste, die die Freilassung der drei Spieler forderte, 20 Unterschriften sammelten, wie Journalist und Buchautor Ingolf Pleil in seinem Buch „Mielke, Macht und Meisterschaft" berichtet.

Zum Verhängnis wurde den drei Nationalspielern der Vorwurf einer geplanten Republikflucht. Gerd Weber, dem torgefährlichen Mittelfeldstrategen, war in einem persönlichen Gespräch in Enschede nach einem Europapokalspiel im Herbst 1980 ein konkretes Angebot vom 1. FC Köln überbracht worden. Neben ihm standen auch Stürmer Peter Kotte und Außenverteidiger Matthias Müller auf der Wunschliste der Kölner. Für Peter Kotte, der kurz zuvor Vater geworden war und Matthias Müller, der sich zu dieser Zeit nach Oberligaalternativen umgehört hatte, waren eine mögliche Flucht in den Westen kein Thema.

Das Netz über Peter Kotte und Matthias Müller, das sich dann über ihnen zusammenzog, war, ihr erhaltenes Wissen nicht geteilt zu haben, anders ausgedrückt, ihren Mitspieler Gerd Weber nicht verpfiffen zu haben.

Die drei Fußballer wurden am 24. Januar 1981, während eines Lehrgangs der Nationalspielmannschaft, von Mitarbeitern der Staatssicherheit in Gewahrsam genommen. Die Folgen für ihr Leben waren gewaltig. Eine Woche lang saßen alle drei in Gewahrsam. Gerd Weber, dem das Angebot der Kölner konkret galt, saß sogar elf Monate in Haft.

Kotte und Müller wurden anschließend in Unehren aus der Volkspolizei entlassen. Sie erhielten ein Stadionverbot sowie die Auflage, keinen Kontakt zu ihren Mitspielern aufzunehmen. Ihr Mitwirken in einem Verein bis zur drittklassigen Bezirksliga wurde geduldet und war einem Berufsverbot gleichzusetzen.

Kotte versuchte, bei Fortschritt Neustadt Fuß zu fassen. Als es der Mannschaft 1982 gelang, in die DDR-Liga aufzusteigen, wurde er in die zweite Mannschaft abgeschoben sowie sein Bild auf dem offiziellen Mannschaftsfoto durch das eines Sportkameraden ersetzt. Müller spielte noch einige Zeit in Meißen und Senftenberg Freizeitfußball.

Dynamo hatte auf diese Weise drei Nationalspieler mit einer Erfahrung von mehr als 60 Länderspielen, 400 Oberligaspielen und über 100 Toren verloren, die Mitspieler drei Kameraden und Freunde.

Während aus den drei Dresdner Nationalspielern Staatsfeinde geworden waren, ging die Saison weiter, als wäre nichts gewesen. Über die Frage, warum sich die Dresdner Mannschaft während der Winterpause so extrem verändert hatte, wurde in den offiziellen Presseorganen der DDR kaum gesprochen. Mitte

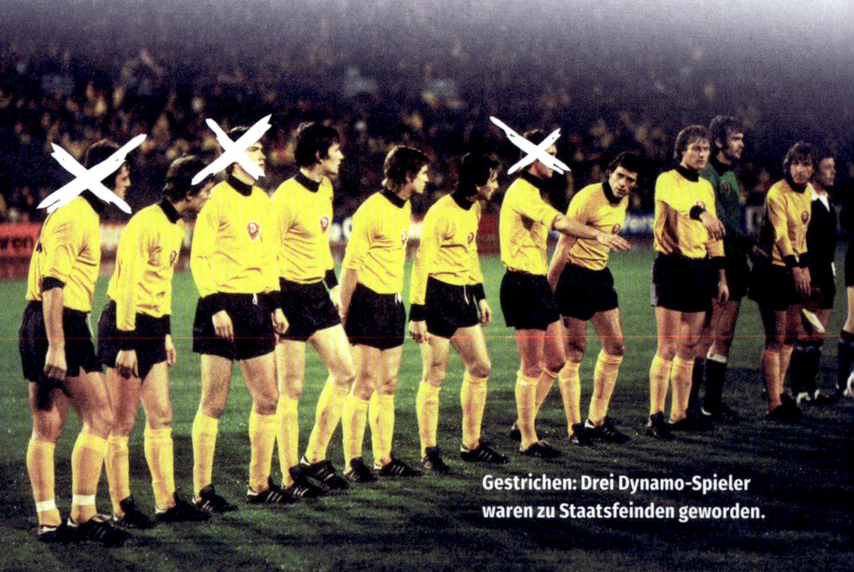

Gestrichen: Drei Dynamo-Spieler waren zu Staatsfeinden geworden.

Februar erschienen einige kurze Kommentare in den Dresdner Tageszeitungen. „Die Spieler wurden wegen politisch-moralischer Verfehlungen aus der SG Dynamo ausgeschlossen." Genauere Nachfragen waren nicht erwünscht. Das wurde jedem rasch klargemacht. „Die neue Fußballwoche" erwähnte in 14 Zeilen den Ausschluss von Weber aus dem Deutschen Turn- und Sportbund sowie die ausgesprochenen Sperren von Kotte und Müller für die Oberliga.

Trainer Gerhard Prautzsch versuchte noch, die Strafe abzumildern, aber das Argument, dass der Verein dadurch seine „politischen Ziele" verfehlen würde, galt in diesen Tagen nichts.

In der Winterpause lagen der BFC Dynamo, der 1. FC Magdeburg und Dynamo Dresden noch gleichauf, am Saisonende erreichte Dynamo den vierten Platz, der gerade noch für eine Teilnahme am Europapokal berechtigte. Zu den 21 Punkten im Herbst kamen im Frühjahr nur noch 13 hinzu. Einen qualitativen Konkurrenzkampf um die elf Plätze auf dem Feld gab es kaum noch.

Statt Weber, Kotte und Müller standen plötzlich andere oder gänzlich neue Namen auf den Spielberichtsbögen. 26 Spieler setzte Gerhard Prautzsch in dieser Saison ein. Ersatz für gleich drei Nationalspieler im Bezirk Dresden zu finden, war nahezu aussichtslos.

Und doch gab es Rohdiamanten, die es galt, für die Zukunft zu schleifen. Unter ihnen waren mit Torsten Gütschow und Ralf Minge zwei Debütanten, die in kommenden Jahren das Spiel der SGD prägen würden.

Die eingesetzten 26 Spieler in der Saison 1980/81 stellten eine neue Höchstmarke bei der SGD zu Zeiten der DDR-Oberliga dar. Sie hatte bis zu ihrem Ende Bestand.

Im Jahre 2001 wurden Gerd Weber, Peter Kotte und Matthias Müller zu Ehrenmitgliedern der Sportgemeinschaft Dynamo Dresden ernannt.

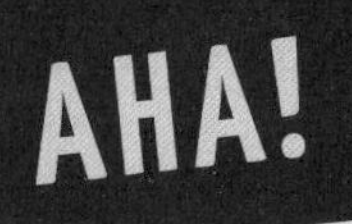

Schiedsrichter-Spezialbehandlung

In den folgenden Jahren bestand im Gewinn des FDGB-Pokals die einzige Möglichkeit, auf nationaler Ebene Titel zu sammeln. Die Meisterschaften waren schließlich für den BFC Dynamo reserviert. Doch das bis zu diesem Zeitpunkt nur von Dynamo Dresden erreichte Double aus dem Gewinn der Meisterschaft und des FDGB-Pokals strebten die Hauptstädter nun ebenfalls an. Nachdem sie 1979 im Finale am 1. FC Magdeburg gescheitert waren, gab es drei Jahre später die zweite Möglichkeit für die Berliner, der Dresdner Sportgemeinschaft nachzueifern und das Double zu gewinnen.

Seit dem Finale im FDGB-Pokal zwischen dem BFC und der SGD 1971 war viel Zeit vergangen. Gert Heidler hatte gemeinsam mit dem Berliner Frank Terletzki schon das erste Finale auf dem Feld erlebt. Mit beiden Veteranen spielte die nächste Fußballgeneration.

Im Finale am 1. Mai 1982 in Berlin fehlten der SGD in Matthias Döschner, der sich am Wochenende zuvor bei der mit 2:1 geglückten Generalprobe gegen den BFC seine dritte Gelbe Karte eingefangen hatte, und in Hans-Jürgen Dörner, der im selben Spiel seine einzige Rote Karte in 392 Oberligaspielen gezeigt bekam, gleich zwei wichtige Stützpfeiler der Mannschaft.

In Dresden erinnerte man sich an die letzte Meisterfeier, als Erich Mielke verkündete, dass „nun die anderen dran“ wären. Die „taz“ hat 2004 die Dissertation und das daraus entstandene Buch „Erich Mielke, die Stasi und das runde Leder“ von Hanns Leske vorgestellt. Nachdem sich die ganze Republik über die vielen plumpen Fehlentscheidungen empört hatte, ging man dazu über, die härtesten Konkurrenten subtil zu schwächen. So erhielten wichtige Leistungsträger in ihrer letzten Begegnung vor dem

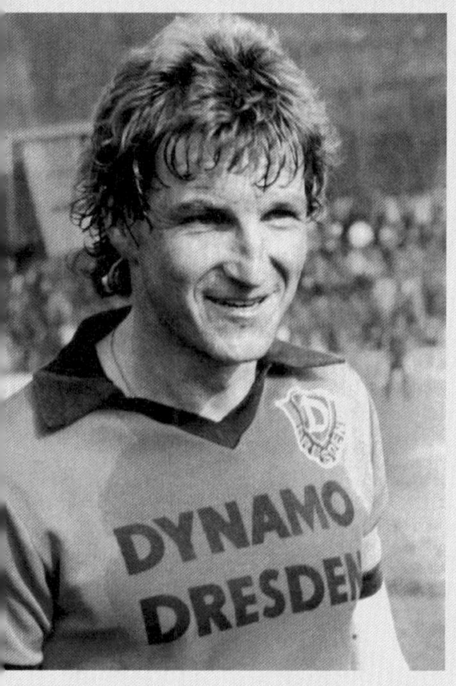

Fehlte im Endspiel: Hans-Jürgen Dörner

Spiel gegen den BFC eine Verwarnung, die zu einer Sperre im Spiel gegen den BFC führte. Matthias Döschner und Hans-Jürgen Dörner bekamen diese Spezialbehandlung vor dem Pokalfinale.

Dennoch konnten die Herausforderer aus Dresden das Endspiel gegen die Roten aus der Hauptstadt, die uneinholbar von der Tabellenspitze grüßten, offen gestalten. Kurz nach der Pause gelang Andreas Trautmann sogar die Führung, die, wie in mehrfach in den 70ern, natürlich nicht bis zum Ende des Spiels Bestand hatte. In der 85.Minute konnte Nationalspieler Hans-Jürgen Riediger ausgleichen. Schließlich musste das Spiel im Elfmeterschießen seinen Sieger finden. Nachdem Bernd Jakubowski den Elfmeter des jungen Berliners Christian Backs parieren konnte, entschied Hans-Uwe Pilz das Endspiel. An seinem Schuss hatte der Berliner Torwart zwar eine Hand, konnte ihn aber nicht mehr abwehren.

Gert Heidler feierte seinen dritten Gewinn des FDGB-Pokals nach 1971 und 1977 und beendete mit 34 Jahren seine Fußballkarriere.

Wir kennen uns doch

Zwei Jahre später: Die Neuauflage des Endspiels von 1982. Dynamo Dresden war durch das Pokaljahr hindurchgetänzelt. Vier klare Siege ohne ein einziges Gegentor brachten sie sicher ins Finale. Nicht einmal die großen Rivalen der 70er Jahre – der 1. FC Magdeburg im Viertelfinale oder der FC Carl Zeiss Jena als Gegner unter den letzten vier Mannschaften – konnten die Dresdner zum Stolpern bringen.

Bernd Jakubowski, Frank Schuster, Andreas Trautmann, Reinhard Häfner, Hans-Uwe Pilz und Ralf Minge hatten bei der SGD bereits zwei Jahre zuvor in der Startelf gestanden, beim BFC waren es gar sieben Akteure. Von Sperren war Dynamo diesmal nicht betroffen, man kannte sich.

Und wieder war für Zündstoff gesorgt: Dresden hatte zwei Wochen zuvor beim 2:4 in Berlin endgültig die Meisterschaft verspielt. Anschließend, so erklärte Trainer Klaus Sammer gegenüber dem Onlinemagazin „Ostderby“, habe er alle Kräfte aufs Pokalfinale gelenkt. „Dem galt unsere Konzentration, auf die laufenden Punktspiele nahm ich dabei keine Rücksicht. Der BFC wollte doch endlich das Double und wir wollten … das verhindern“.

Die Berliner unternahmen inzwischen den dritten Versuch, das Double in die Hauptstadt zu holen. Die Siegermedaillen waren ihnen nach 1959 noch nicht wieder umgehängt worden.

Klaus Sammer ließ ganz im Stile seines langjährigen Trainers Walter Fritzsch die Offensivkräfte los. Torsten Gütschow, Ralf Minge und Frank Lippmann bildeten einen hochkarätig besetzten Angriff, und auch im Mittelfeld deuteten die Namen Reinhard Häfner, Jörg Stübner und Hans-Uwe Pilz auf Attacke.

Neben der offensiven Spielweise gab es zwischen Walter Fritzsch und Klaus Sammer, dem ehemaligen Jugendtrainer des

Vereins, noch eine weitere Parallele: die erfolgreiche Integration junger Talente. Jörg Stübner, gerade einmal 18 Jahre, hatte in seiner ersten Saison in der Ersten Mannschaft bereits 24 von 26 möglichen Spielen absolviert und auch Ulf Kirsten war auf dem Sprung, ein fester Bestandteil der Mannschaft zu werden.

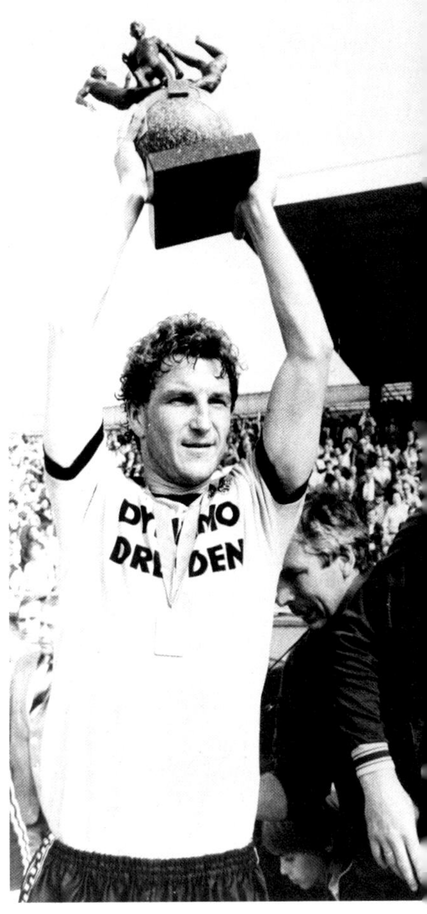
Verspätete Genugtuung: Hans-Jürgen Dörner mit dem FDGB-Pokal

Trotz der offensiven Ausrichtung beider Teams mussten die Zuschauer bis zur 81. Spielminute auf das 1:0 durch ein direktes Freistoßtor von Hans-Jürgen Dörner warten. Wo in den bisherigen Dresdner Finalspielen keine Führung bis zum Spielende hielt, pfiff der Unparteiische eine Minute später gleich noch Elfmeter für die SGD. Reinhard Häfner ließ sich diese Möglichkeit nicht entgehen. Auch das 1:2 kurz vor Spielende konnte die SGD nicht mehr vom Triumph abbringen. Dynamo Dresden war Pokalsieger und Klaus Sammer, der 1971 im Finale als Spieler zweimal gegen den BFC getroffen hatte, blieb auch als Trainer gegen die Hauptstädter erfolgreich.

Und jährlich grüßt das Murmeltier

Ein Jahr später, 8. Juni 1985, Finale in Berlin. Es trafen aufeinander – Trommelwirbel: Die SG Dynamo Dresden und der BFC Dynamo. Während die Berliner inzwischen Schaum vorm Mund hatten, war Dynamo Dresden froh, überhaupt dabei sein zu können. Im Gegensatz zum Vorjahr hatten sie sich regelrecht abgemüht, in dieses Endspiel einzuziehen.

Im Achtelfinale hatte es bereits das erste innerdynamische Duell gegeben, als die Zweitmannschaften aufeinandertrafen. In zwei engen Spielen konnten sich am Ende die Berliner über den Einzug sowohl der Erst- als auch der Zweitmannschaft ins Viertelfinale freuen. Dynamos Erste machte es mit zwei Unentschieden gegen den FC Hansa Rostock spannend. Der Auswärtstorregel sei Dank, war das Pokaljahr anschließend für die Mannschaft von der Küste beendet. Nach mehreren tiefen Seufzern durfte Dynamo Dresden ins Viertelfinale einziehen.

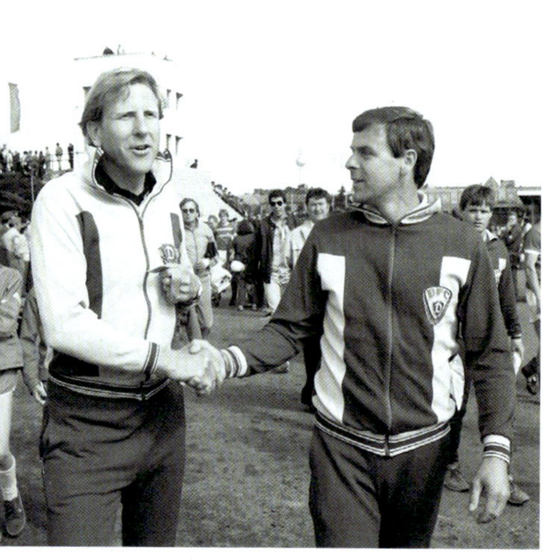

Klaus Sammer mit dem Trainer des BFC, Jürgen Bogs

Dort kam es zum nächsten Duell Dynamo gegen Dynamo. Die erste Garnitur der SGD musste sich nun mit der Zweitvertretung der Berliner auseinandersetzen. Im Dresdner Hinspiel gewannen die Berliner mit 2:1. Wer dachte, bei den Schwarz-Gelben wäre dieser Warnschuss angekommen, der irrte. Auch im Rückspiel führte die Berliner Mannschaft gegen den Favoriten, ehe Torsten Gütschow und Ralf Minge mit ihren Toren zumindest die Verlängerung ermöglichten. Als das Elfmeterschießen den Halbfinalteilnehmer bestimmen musste, machte Torhüter Bernd Jakubowski den Jürgen Croy von 1975. Mit einem gehaltenen Elfmeter und demonstrierter eigener Treffsicherheit zum Endstand von 5:3 war es vor allem ihm zu verdanken, dass eine Blamage gerade noch verhindert werden konnte.

Das Halbfinale gegen Vorwärts Frankfurt/Oder gestaltete sich ebenso hürdenreicher als erwartet. Ein 0:2 im Heimspiel glich Dynamo mit einem 2:0 in Frankfurt/Oder aus. Verlängerung. Elfmeterschießen. Jakubowski konnte sich erneut auszeichnen und diesmal gleich zwei Elfer halten.

Der BFC Dynamo hatte seine Aufgaben gegen den 1. FC Magdeburg erfolgreich erledigt und so duellierten sich die großen Konkurrenten innerhalb von vier Jahren bereits zum dritten Mal im Finale des FDGB-Pokals.

Das Double war noch immer das große Ziel der Hauptstädter. Nach 1979 gegen den 1. FC Magdeburg waren sie nun bereits zweimal im Finale an den Dresdnern gescheitert und so sehr sie sich auch bemühten, sie scheiterten auch 1985.

Vor 48.000 Zuschauern dominierten die Schwarz-Gelben das Endspiel. Sie zeigten eine deutlich größere Torgefahr als der amtierende Meister aus Berlin. Das Endergebnis von 3:2 klang knapper, als es der Spielverlauf darstellte – und es hatte Folgen für Schiedsrichter Manfred Roßner aus Gera.

Der Unmut der Fans über falsche Pfiffe, mehr als diskutable Entscheidungen, Gelbe oder Rote Karten, die folgenden Gegnern gefallen und der eigenen Mannschaft schadeten ... jede Fanbrille ist in Vereinsfarben koloriert. Doch einzelne Entscheidungen in diesem Finale wie ein aberkanntes Tor von Ralf Minge waren so deutlich zum Kopfschütteln, dass eine mehrköpfige Funktionärsgruppe unter Leitung des DFV-Präsidenten Günter Erbach nicht umhinkam, festzustellen, dass von 17 groben Fehlentscheidungen in diesem Finale des FDGB-Pokals 14 zuungunsten der SG Dynamo Dresden gefällt wurden. Schiedsrichter Manfred Roßner wurde daraufhin für die folgende Ober-

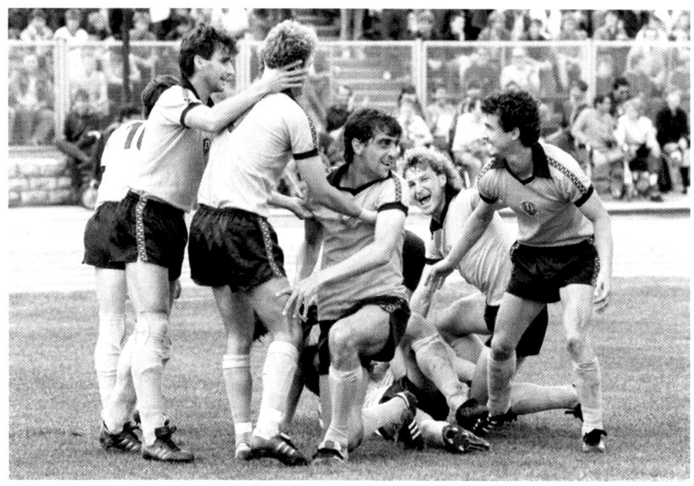

Die Dresdner Jubeltraube nach einem Treffer im Finale

ligasaison gesperrt und war für ein Jahr in beiden Ligastaffeln der DDR tätig.

Anlässlich des 50. Vereinsgeburtstages brachte die Sächsische Zeitung das Buch „Dynamo Dresden, Eine Legende wird 50" heraus. In diesem kam auch Manfred Roßner zu Wort. Laut seiner Aussage bekam er vor Spielbeginn zweimal Besuch. Einmal wurde ihm während der Platzbegehung mitgeteilt, „dass von den 45.000 im Stadion 44.000 für Dresden sind. Außerdem wäre es für das internationale Ansehen der DDR nicht gut, wenn der BFC Meister und Pokalsieger wird." Etwas später im Kabinentrakt wurde ihm mitgeteilt, „Es werde endlich Zeit, dass der BFC das Double gewinnt... das wäre für die DDR eine wertvolle sportliche Entscheidung."

Den Dresdner Spielern um Ralf Minge dürfte das an diesem Abend dennoch nicht die Freude daran verdorben haben, dem BFC erneut einen wichtigen Titel abspenstig gemacht zu haben.

Erst 1988, im Jahr der zehnten Meisterschaft, gelang dem BFC nach einem 2:0 nach Verlängerung gegen den FC Carl Zeiss Jena das lang ersehnte Double.

Jena hatte im Viertelfinale Dynamo Dresden abserviert, wusste aber mit der Verantwortung, als fast ein ganzes Land im Finale mit ihnen mitfieberte, nicht umzugehen.

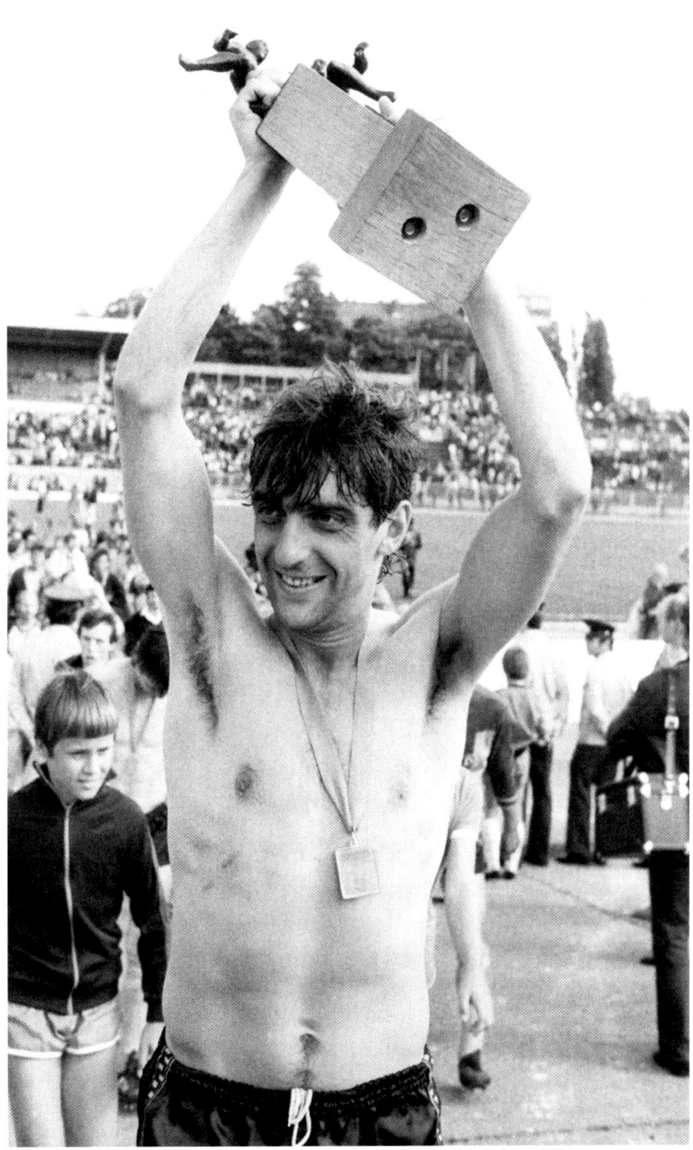

Ein fast schon gewohntes Bild: Dresdens Ralf Minge mit dem Pokal

Schwarz-gelbe Zahlenspiele

1

In der Saison 1968/69 schafft es Wismut Gera im 15. und letzten Saison-Heimspiel der SGD, als erste und einzige Mannschaft ein Tor in Dresden zu erzielen

1:8

Am 10. November 2018 ist nahezu jeder Torschuss der Kölner im Heimspiel gegen Dynamo ein Treffer. Das einzige Tor der Dresdner von Baris Atik belegt am Monatsende den zweiten Platz bei der Wahl zum Tor des Monats.

5

Dynamo ist am 1. September 1993 Teil des Kartenfestivals von Dortmund. Bei der 0:4-Auswärtsniederlage werden fünf Spieler vom Platz gestellt, unter ihnen Matthias Mauksch und Markus Kranz mit Gelb-Rot und Nils Schmäler mit Rot. Es ist bis heute (Stand 31. Dezember 2021) das an Platzverweisen reichste Spiel in der Bundesliga.

6

Tore in einem Punktspiel gelangen Dieter Legler am 14. Juni 1959 beim 8:1 gegen Chemie Agfa Wolfen sowie Steffen Engelmohr am 1. September 1963 beim 9:0 gegen Stahl Eisleben.

549

Pflichtspiele absolvierte Hans-Jürgen Dörner für Dynamo. Sie unterteilen sich in 392 Oberligaspiele, 92 Spiele im FDGB-Pokal und 54 Europapokalspiele.

26 aus 25

Hans Jürgen Kreische macht in der Saison 1972/73 den Torschützenkönig-Hattrick perfekt. Nachdem ihm 1970/71 17 Tore und im Jahr darauf 14 Tore zum Titel gereicht haben, gelingen ihm in der Saison 1972/73 26 Tore in 25 Saisonspielen.

482

In der Saison 1967/68 in der DDR-Oberliga und noch einmal im Spieljahr 2009/10 in der 3. Liga bleibt Dynamo 482 Minuten ohne eigenen Torerfolg. Nach mehr als einem halben Jahrhundert wird dieser Rekord für die Ewigkeit mit nun aktuell 515 Minuten ausgerechnet in der Aufstiegssaison 2020/21 gebrochen.

10:0

Der höchste Sieg am 14. September 1985 in der ersten Runde des FDGB-Pokals gegen Motor Werdau. Matthias Sammer gelingen dabei vier Tore.

600

In der Oberligasaison 1975/76 bleibt Claus Boden 600 Minuten ohne Gegentor. Erst Kevin Broll gelingt es am Ende der Drittligasaison 2020/21 mit 554 Minuten und zu Beginn der Zweitligasaison mit weiteren 95 Minuten bis zu seinem ersten Gegentor, diesen Rekord zu brechen und auf 649 Minuten zu erhöhen.

Drama und Trauma

Die 80er Jahre im Europapokal verliefen ähnlich wie die in den 70ern. In zwei großen Spielen konnte unerwartet die spanische Spitzenmannschaft Atlético Madrid bezwungen werden. Doch egal was auch versucht wurde, spätestens im Viertelfinale war Schluss.

Und dann, am 19. März 1986, trat Dynamo Dresden in Uerdingen an und spielte laut dem Fußballmagazin *11 Freunde* das „Größte Fußballspiel aller Zeiten".

Man mag „Das Wunder von der Grotenburg-Kampfbahn" nicht mehr hören und erklärt bekommen, und doch gehört es zum Mythos Dynamo Dresden. Der Verein hat immer wieder in die Abgründe des Unerklärlichen geschaut, so auch an diesem Abend in Uerdingen.

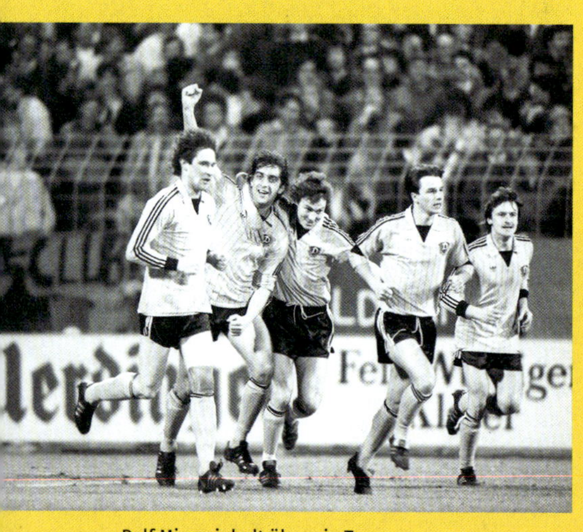

Ralf Minge jubelt über ein Tor:
Die Dresdner Welt ist noch in Ordnung.

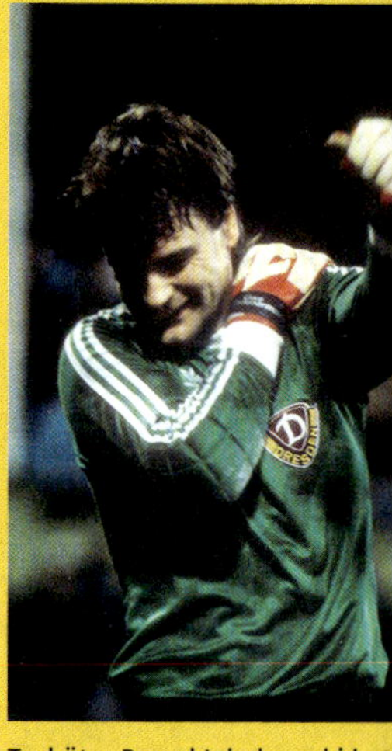

Torhüter Bernd Jakubowski hat offensichtlich starke Schmerze in der Schulter.

Wie sonst kann man es erklären, dass eine mit sieben aktuellen und zwei ehemaligen Nationalspielern besetzte und mit mehr als 1.600 Oberligaspielen sehr erfahrene Mannschaft nach einem 2:0 im Hinspiel und einer 3:1 Halbzeitführung im Auswärtsspiel nicht in die nächste Europapokalrunde einzieht?

Fünf vorherige Viertelfinalpleiten, die letzte mit einem 3:0 zu Hause und 0:5 in Wien ein Jahr zuvor – auch diese nicht leicht erklärbar –, wurden immer wieder aufs Neue in den Medien thematisiert und jedes Mal mit einer größeren Anzahl an erfolglosen Versuchen versehen. Im Spiel selbst: merkwürdige Schiedsrichterentscheidungen, Foulelfmeter, Eigentor, Handelfmeter, Tore im Vierminutentakt. Irgendwann kam alles zusammen und baute Druck auf. Alles kleine Puzzleteile, den wichtigsten Punkt sah Klaus Sammer im Onlinemagazin „Ostderby" in der vorherrschenden Situation nach 45 Minuten in der Dresdner Kabine. Torwart Bernd Jakubowski wurde vom Betreuerteam im Neben-

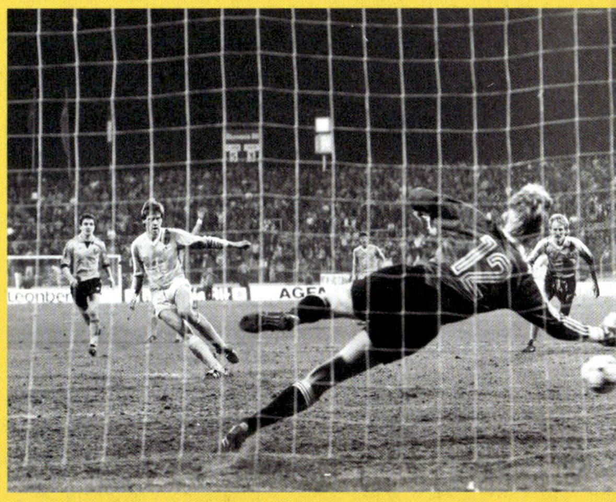

Das Unheil nimmt seinen Lauf:
Elfmeter gegen Jens Ramme

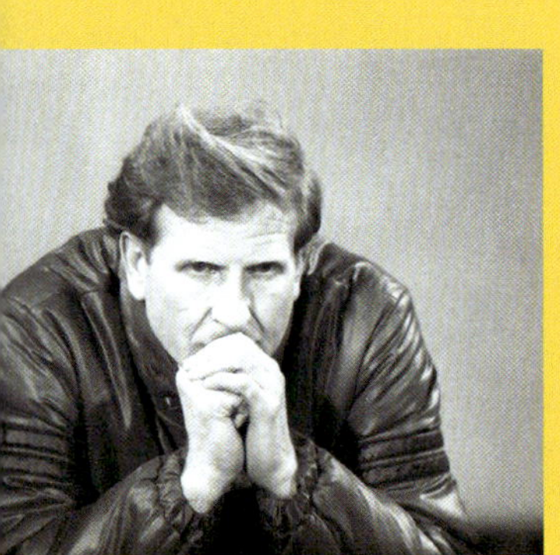

Klaus Sammer
ahnt Böses.

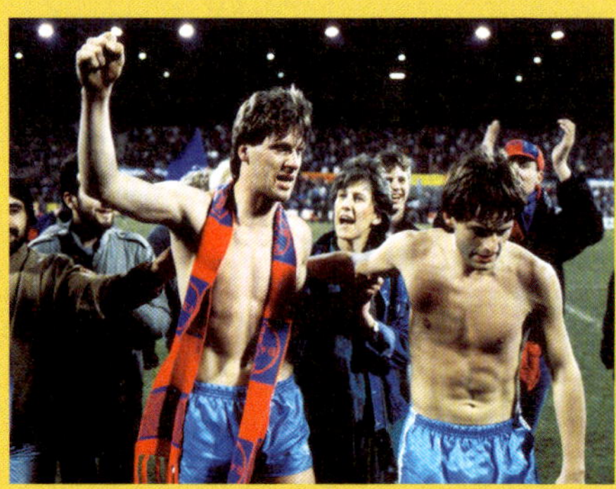

Am Ende jubelt Uerdingen,
fast schon ungläubig.

raum versorgt. Seine Schmerzensschreie durch die kurz zuvor erlittene Schultereckgelenkssprengung waren für die gesamte Mannschaft zu hören und bewegten die Mannschaftskameraden und Freunde. Trainer Klaus Sammer blickte trotz der eigentlich beruhigenden Führung in angespannte Gesichter. Das, was die Spieler da erlebt und vor allem gehört hatten, nahmen sie gedanklich mit aufs Spielfeld. Unter ihnen war Jens Ramme, 22 Jahre jung, Ersatztorwart, vor der Saison aus Schmalkalden gekommen und mit dem Erfahrungsschatz eines einzigen Oberligaspieles ausgestattet. In den ersten und einzigen 45 Europapokalminuten seines Lebens musste er sechsmal den Ball aus dem Netz holen.

„Das Wunder von der Grotenburg-Kampfbahn“ nahm seinen Lauf und würde das „Größte Fußballspiel aller Zeiten“ werden.

Mit besonderen Folgen: Stürmer Frank Lippmann setzte sich nach dem Spiel in den Westen ab. Klaus Sammer beendete nach der Saison seine Trainertätigkeit bei Dynamo Dresden. Libero Hans-Jürgen Dörner, dreimaliger Fußballer des Jahres der DDR, folgte ihm. Sein aufgestellter Vereinsrekord mit 392 Oberligaspielen blieb bis zum Ende der Oberliga unerreicht.

Die Traumserie

Als am 10. Mai 1989 der nach dem Pokalfinale 1985 zunächst gesperrte und inzwischen wieder rehabilitierte Schiedsrichter Manfred Roßner das Oberligaspiel zwischen dem FC Hansa Rostock und der SG Dynamo Dresden abpfiff, knallten in der ganzen DDR die Sektkorken. Der zehnmalige Serienmeister BFC Dynamo wurde auf eindrucksvolle Art und Weise entthront. Acht Punkte fehlten dem Titelverteidiger auf den neuen Meister SG Dynamo Dresden.

Dynamo war es gelungen, gleich am ersten Spieltag die Tabellenführung zu übernehmen und sie bis zum Ende der Saison zu verteidigen – es war der erste Start-Ziel-Sieg einer Mannschaft in der 39. Saison. Den bisherigen Rekord hielt der BFC, dem das an 25 Spieltagen zehn Jahre zuvor gelungen war. Dabei hatte Dynamo zu Anfang der Saison auch etwas Glück. Nach zwei 2:0-Siegen setzte es gegen den FC Karl-Marx-Stadt am dritten Spieltag eine 3:4-Heimniederlage. Da die anderen Mannschaften schon zu Saisonbeginn zu nicht konstant spielten, konnte Dynamo die „Ein-Schaden-nix-passiert-Karte" spielen und mit 6:2-Punkten und 7:4-Toren ganz vorn bleiben.

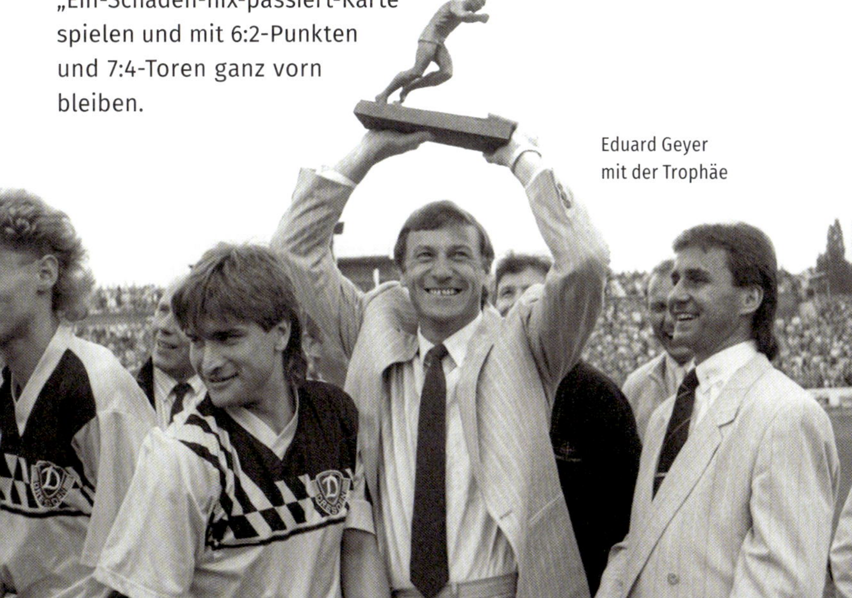

Eduard Geyer mit der Trophäe

Der Sieg von Karl-Marx-Stadt war eine Rarität. Seitdem die Gäste aufgestiegen waren, hatten sie sich in 17 Auftritten im Dynamostadion noch nie mit einem Unentschieden oder gar einem Sieg beschenken können. Die SGD konnte es verschmerzen, denn kein anderer Verein konnte in diesem Jahr auch nur annähernd mithalten. Zehn Siege in Folge bis zur Winterpause stellten einen neuen vereinseigenen Oberligarekord dar. Den einzigen Fleck auf diese Weste zu kleckern, gelang erneut den Himmelblauen, als sie im Achtelfinale des FDGB-Pokals, im 150. Pokalspiel der Dresdner, mit 2:1-Sieg nach Verlängerung gewannen. Sie kamen bis ins Finale, verloren es gegen den BFC, der damit zumindest einen Titel verteidigen konnte.

In der Oberliga konnte es nur um Platz zwei gehen. Bis zur Winterpause waren die Schwarz-Gelben der Konkurrenz bereits acht Punkte enteilt. In der Rückrunde ließen sie es deutlich ruhiger angehen, ohne wirklich in Gefahr zu geraten, den Titel noch zu verspielen.

Die einzige Mannschaft, mit der Dynamo Dresden in dieser Saison mehrfach seine Probleme hatte, war der FC Karl-Marx-Stadt. Nach dem Hinspiel und dem Erfolg im Pokal verlor Dynamo auch das Oberligarückspiel mit 1:2. Dies blieb aber nur eine Randnotiz, denn drei Abende zuvor hatte Dynamo unter Flutlicht etwas, im folgenden Kapitel beschriebenes, historisches erreicht.

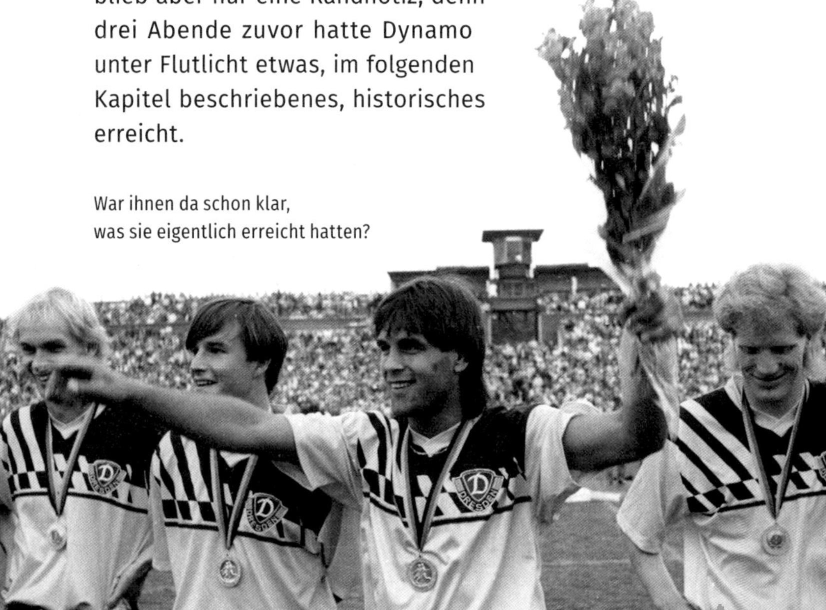

War ihnen da schon klar,
was sie eigentlich erreicht hatten?

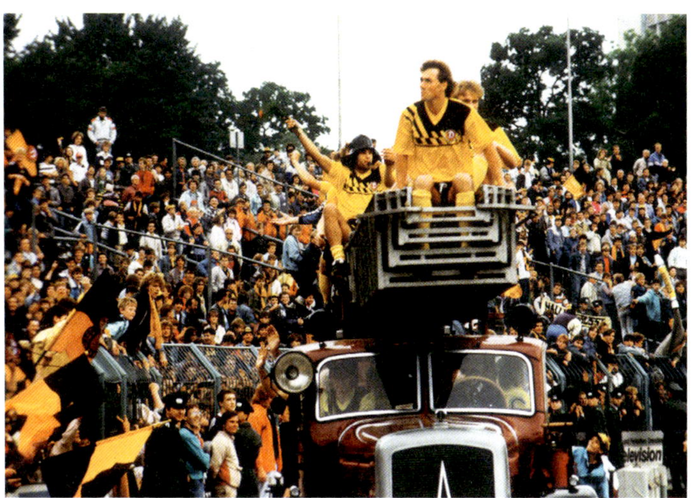

Jubel auf dem Feuerwehrauto: Matthias Döschner

Es war eine für die Fans runde Saison. Torsten Gütschow gewann mit 17 Treffern die Torjägerkanone. Auch Platz zwei der Torjägerliste war in Dresdner Hand. Ulf Kirsten erzielte 14 Tore. Beide hatten damit ihre Torquote aus der Vorsaison nahezu verdoppelt. Veredelt wurde die Saison durch einen weiteren Titel, die nach Dresden ging. Fußballer des Jahres wurde Andreas Trautmann vor seinem Mannschaftskameraden Torsten Gütschow.

Insgesamt setzte Eduard Geyer 24 Spieler ein, wovon acht mit lediglich einem bis drei Einsätzen jeweils nur eine Nebenrolle spielten. Sein Stamm bestand aus 16 Spielern. Rotation, das Zauberwort im neuen Jahrtausend, war da noch unbekannt.

Die Mannschaft und ihr Trainer feierten einen der größten Erfolge der Vereinsgeschichte. Seit drei Jahren spielte der Kern der Mannschaft zusammen.

Vor der Saison war mit Reinhard Häfner der letzte Spieler der Goldenen Ära der 70er Jahre als Assistent von Eduard Geyer auf die Trainerbank gewechselt.

Die Zeit war reif für ein neues Kapitel dynamischer Geschichte.

Tür auf im sechsten Versuch

Noch einmal leuchten die Giraffen im Dynamostadion. Bereits im ersten Europapokalheimspiel der Saison erlebten die Fans etwas Neues: die Premiere der Dresdner Stadionshow. Ehe das Spiel begann, traf sich die Prominenz, um sich im Elfmeterschießen oder Tandemrennen zu beweisen. Als Gegenleistung gab es eine Eintrittskarte, die, wie Gert Zimmermann im Buch „Mit Dynamo durch Europa“ erklärte, zu dieser Zeit „höher im Kurs (stand) als die eine oder andere D-Mark“.

Nach der ersten Runde war für die schottische Elf des FC Aberdeen, die noch fünf Jahre zuvor den Europapokal der Pokalsieger gewonnen hatte, die UEFA-Pokal-Saison bereits wieder beendet.

Danach maß sich der KSV Waregem mit Dynamo. Uwe Kirchner und dreimal Ulf Kirsten waren die Torschützen beim 4:1 im Hinspiel. Im Rückspiel verlor Dynamo mit 1:2 und freute sich auf den AS Rom und Rudi Völler im Achtelfinale.

Glücklich war, wer im Stadion dabei sein durfte. Mehr als 200.000 Kartenvorbestellungen gingen an den Verein, wie es in „Mit Dynamo durch Europa“ nachzulesen ist. Auf schneebedecktem Rasen und in dichtem Schneefall war ein sicheres Kombinationsspiel der falsche Ansatz und so entwickelte sich ein kampfbetontes Spiel, in dem Dynamo den Römern mehr als ebenbürtig war. Nach einer Viertelstunde verwandelte Torsten Gütschow einen Foulelfmeter zur frühen Führung. Auch in der zweiten Hälfte ließ Dynamo die Römer nicht zur Entfaltung kommen, und als Ralf Minge zehn Minuten vor dem Ende per Kopf den Ball in die Maschen wuchtete, waren sich die Dresdner Fans sicher, an diesem Tag mal wieder etwas ganz Besonderes erlebt zu haben.

Im Rückspiel begannen die Römer wider Erwarten nicht mit einem Offensivfeuerwerk. So nahm Dynamo ein torloses Remis mit in die Halbzeitpause. In der zweiten Hälfte gingen Rudi Völler und Co. in den Angriffsmodus, doch außer zwei Pfostentreffern ließen die taktisch sehr disziplinierten Dresdner nichts zu. Während den Italienern die Zeit davonlief, konnte Dynamo durch zwei Tore von Matthias Döschner das Spiel entscheiden.

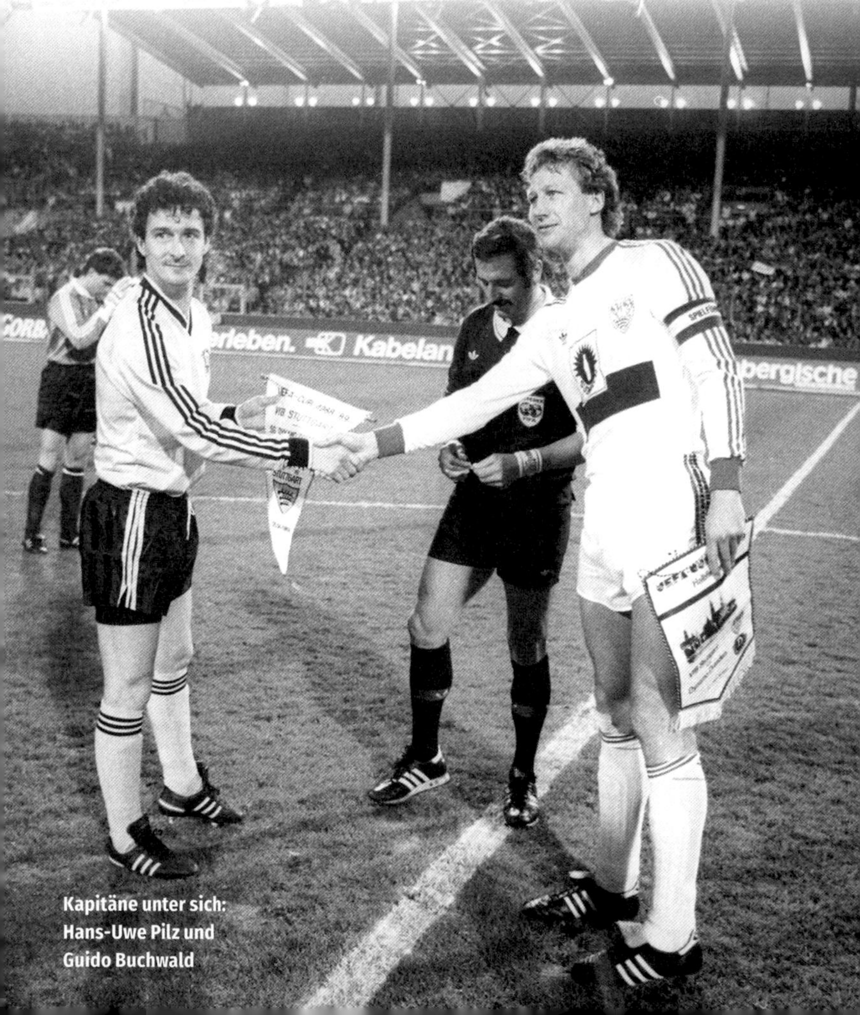

Kapitäne unter sich: Hans-Uwe Pilz und Guido Buchwald

Die Sächsische Zeitung, die nach dem Heimspiel gegen Juventus Turin vom stärksten Heimspiel in der Dresdner Europapokalgeschichte geschrieben hatte, bescheinigte Dynamo, „wohl eines ihrer besten Auswärtsspiele in einem internationalen Pokalwettbewerb" absolviert zu haben und fügte hinzu, dass Dynamo für „die Sensation dieser Achtelfinalrunde" gesorgt habe.

Der nächste Gegner war Victoria Bukarest. Für die Rumänen war das Erreichen des Viertelfinales der größte Erfolg der Vereinsgeschichte. Dynamo hatte das bereits zum sechsten Mal geschafft.

Das Spiel begann mehr als unglücklich. Bereits nach zwei Minuten wurde Ulf Kirsten nach einer Rangelei im Bukarester Strafraum zum Duschen geschickt. Dynamo rückte enger zusammen und trotzte den Rumänen ein 1:1 ab.

Das Stadion war im Rückspiel mit 36.000 Zuschauern rappelvoll. Diesmal musste es klappen. Ralf Minge gelang kurz nach der Pause per Kopf das Sicherheit gebende erste Tor. Nachdem sich die Rumänen durch einen Platzverweis schwächten, schlug Dynamo noch dreimal zu und sorgte für ein klares 4:0.

Das große Ziel war erreicht. Dynamo stand erstmals in einem europäischen Halbfinale, jedoch ohne Ulf Kirsten. Der musste weiterhin seine Rote Karte absitzen.

Nervös begannen die Dresdner ihre Halbfinalpremiere und hatten Glück, dass der VfB Stuttgart mit der Verwertung seiner vielen Chancen fahrlässig umging und so nur ein 1:0 schaffte.

Im Rückspiel wollten sich die Stuttgarter das Endspiel ermauern. Stürmer Fritz Walter wurde einem weiteren Abwehrspieler geopfert und die Mannschaft nutzte die sich bietenden Möglichkeiten, um Tempo aus dem Spiel zu nehmen. In der 62. Minute konnte die Stuttgarter Abwehr einen Kopfball von Ralf Minge noch vor dem Einschlag unschädlich machen und als kurz darauf erneut Karl Allgöwer einen harten Schuss im Dresdner Gehäuse unterbringen konnte, war es für Dynamo fast aussichtslos, die nun notwendigen drei Treffer zu erzielen. Es reichte noch zum Ausgleich durch Libero Frank Lieberam, dann war Schluss.

Ewige Tabelle der Oberliga

Am 25. Mai 1991 wurde die Akte DDR-Oberliga nach 42 Jahren geschlossen. Der FC Hansa Rostock und der 1. FC Dynamo Dresden waren glücklich, in die 1. Bundesliga eingegliedert zu werden, sechs weitere Mannschaften gingen in die 2. Bundesliga.

Es waren merkwürdige Zeiten. Keine Mannschaft würde dem BFC Dynamo mehr den Erfolg, mit zehn Meisterschaften die meisten aller Oberligamannschaften geholt zu haben, streitig machen können. Die Frage, welcher Verein die meisten Titel im FDGB-Pokal errang, wird für immer eine Streitfrage zwischen den Fans des 1. FC Magdeburg und denen der SG Dynamo Dresden bleiben. 440 Oberligaspiele von Eberhard Vogel, 229 Tore von Joachim Streich, unerreicht für alle Zeiten.

Die ewige Tabelle der DDR-Oberliga, für immer in Hand des FC Carl Zeiss Jena.

Doch die Ewige Tabelle der DDR-Oberliga ist noch falsch.

Es gibt sie in verschiedenen Varianten. Die gebräuchlichste Version ist sicherlich diejenige, die der DFB auf seiner Homepage stehen hat:

1. FC Carl Zeiss Jena

929 Spiele 1097:761 Punkte 1544:1129 Tore

2. BFC Dynamo

897 Spiele 1092:702 Punkte 1681:1093 Tore

3. SG Dynamo Dresden

832 Spiele 1077:587 Punkte 1637: 982 Tore

Die Übergangsrunde von 1955, die einen reinen Freundschaftsspielcharakter hatte, wurde nicht mit einberechnet. Es gab nach diesen 13 Spielen keine Meisterschaft zu feiern, so wie auch kein Absteiger das Feld verlassen musste.

Die Anzahl an unterschiedlichen Gesamtspielen der einzelnen Mannschaften ist in den Anfangsjahren der Oberliga begründet. 1949 mit 14 Vereinen gestartet, wurde sie in den Folgejahren um mehrere Hauptstadtvereine aufgestockt, zwischenzeitlich auf bis zu 19 Mannschaften erweitert. Erst ab der Saison 1954/55 hatte sie wieder ihre endgültige Stärke von 14 Teilnehmern erreicht. Außerdem sorgte die Dreifachrunde 1961/62, als die Saison vom Kalenderjahr wieder auf die Herbst-Frühjahrsrunde umgestellt wurde, mit 39 Spieltagen für ungerade Zahlen.

In der Saison 1954/55 liegt der Fehler, der diese „Ewige Abschlusstabelle der DDR-Oberliga" seit inzwischen mehr als 30 Jahren falsch wiedergibt.

Nach dem elften Spieltag wurde die Mannschaft der SG Dynamo Dresden nach Berlin delegiert, wo sie die Saison als SC Dynamo Berlin fortsetzte. Die SG Dynamo Dresden hatte durch eine Spielverlegung gegen den SC Rotation Leipzig zehn anstatt elf Partien absolviert. Mit 14:6 Punkten sowie 23:10 Toren führte Dynamo die Tabelle an und nicht der SC Dynamo Berlin. Die Mannschaft ist für die Sportgemeinschaft Dynamo Dresden aufgelaufen. Die Spieler der SG Dynamo Dresden gingen, von Funktionären in Mannschafts- und Einzelgesprächen weichgeklopft, als Tabellenführer nach Berlin. Erst da setzten sie die Saison als Sportclub Dynamo Berlin fort und wurden am Saisonende Siebter.

Berechnet man diese zehn Spiele, die bis zu diesem Zeitpunkt erreichten Punkte und Tore noch der Mannschaft zu, die sie errungen hat, ergibt sich eine neue Ewige Tabelle der Oberliga:

1. FC Carl Zeiss Jena

929 Spiele	1097:761 Punkte	1544:1129 Tore

2. SG Dynamo Dresden

842 Spiele	1091:593 Punkte	1660:992 Tore

3. BFC Dynamo

887 Spiele	1078:696 Punkte	1658:1083 Tore

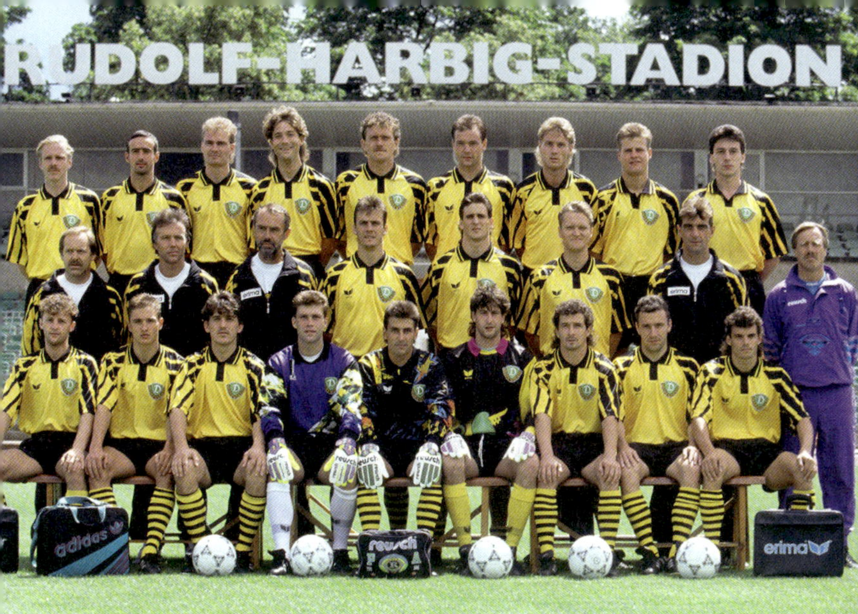

Eine Mannschaft mit schwieriger Mission

„-4, na und?!" Die magische Saison

Dynamos dritte Bundesligasaison hatte durch eine besondere Herausforderung einen ganz speziellen Reiz. Erstmals wurden einer Mannschaft Punkte abgezogen. Aufgrund von Lizenz-Mauscheleien und einer nicht vorhandenen wirtschaftlichen Leistungsfähigkeit gab es für Dynamo Dresden zunächst gar keine Lizenz, später aber die Freigabe zur neuen Saison, verbunden mit vier Minuspunkten. „-4, na und?!" wurde zum geflügelten Satz in Dresden.

Es gab zu dieser Zeit für einen Sieg nur zwei Punkte. Rasch war klar, welch gewaltige Aufgabe Dynamo da bevorstand. Mit Sigfried Held als viertem Trainer im dritten Bundesligajahr übernahm mal wieder ein Neuer das Ruder beim Abstiegskandidaten Nummer Eins.

3:3 endete die Saisonpremiere 1993/94 gegen den VfB Leipzig im einzigen Jahr der Sachsenderbys in der Bundesliga. Olaf Marschall erzielte dabei gegen seinen alten Verein in seinem ersten Bundesligaspiel gleich drei Tore.

Inzwischen hat die Bundesliga eine Geschichte von mehr als 50 Jahren. Neben Olaf Marschall gelang lediglich sieben Spielern das Kunststück, sich so eindrucksvoll im Fußballoberhaus anzumelden.

Doch für aufkommende Euphorie gab es keinen Grund. Eine knappe Niederlage, zwei Unentschieden und zwei heftige Klatschen – unter ihnen das Kartenfestival von Dortmund – sorgten dafür, den Beginn der Saison mit gutem Gewissen als missglückt zu bezeichnen. Nach sechs Spieltagen war Dynamo noch immer sieglos und mit Punkten weiterhin in den Miesen.

Und doch wurde diese Saison zur verrücktesten der leider viel zu kurzen Dresdner Bundesligazeit.

Spätestens als am siebten Spieltag durch ein 1:0 in Köln der erste Sieg eingesammelt war und drei Tage später Hannover 96 aus dem DFB-Pokal geworfen wurde, stieg das schwarz-gelbe Selbstbewusstsein. Die Mannschaft zeigte ihr Potenzial. Die Monate zwischen November und Anfang März waren ohne eine Pflichtspielniederlage magisch.

Ende November platzierten sich die Dresdner Minimalisten nach dem zweiten von drei 1:0-Siegen in Folge erstmals über dem ominösen Strich und blieben dort bis zum Saisonende.

Doch es waren nicht nur zehn Ligaspiele ohne Niederlage, die beeindruckten. Nebenbei wurden mit Bayern München und Bayer Leverkusen zwei große Mannschaften aus dem DFB-Pokal geworfen. Die Dresdner Reporterlegende Gert Zimmermann eskalierte am Radiomikrofon regelrecht, als es gegen Leverkusen ins Elfmeterschießen ging. Torwart Stanislaw Tschertschessow fing, in der Mitte seines Tores stehenbleibend, den letzten gelupften Elfmeter des Leverkusener Spielers Pavel Hapal weg. Seine Moderation blieb legendär, wenn auch aus heutiger Sicht befremdlich: „Oh Gott. Und der Russe bleibt stehen wie Lenin auf dem Roten Platz."

Nachdem Hans-Uwe Pilz, wie bereits elf Jahre zuvor im Finale des FDGB-Pokals, den letzten Dresdner Elfmeter versenkt hatte, stand Dynamo erstmals in einem gesamtdeutschen Pokalhalbfinale.

An diesem Abend riss dann die Serie, die bereits unheimlich wurde. Vom Trikotausrüster modisch exklusiv mit schwarz-gelb karierten Schlafanzughosen ausgestattet, hatte Dynamo dem späteren Pokalsieger Werder Bremen nichts entgegenzusetzen. Nach einer guten halben Stunde stand bereits der 0:2-Endstand an der Anzeigetafel.

Nebenbei drehten sich die Serien. Nach zwei Unentschieden war die Niederlage gegen Bremen das dritte von acht sieglosen Spielen. Doch die Mannschaft bekam die Kurve.

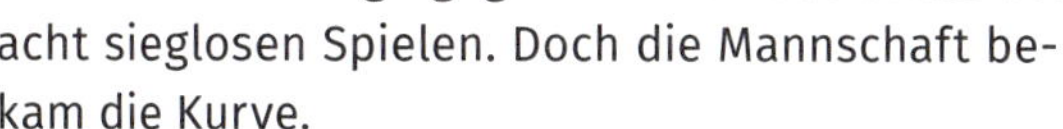

Mit Marek Penksa machte sich in dieser Saison ein von Eintracht Frankfurt ausgeliehener Spieler unsterblich. Dem 172 cm kleinen slowakischen Zauberzwerg gelang es, in einem Heimspiel gegen den Karlsruher SC mit einem guten Kopfball den später ehrfürchtig „Titan“ genannten Oliver Kahn zu einem Eigentor zu bringen. Einen Monat später stand er dann selbst als Torschütze in den offiziellen Statistiken, als ihm im Sachsenderby ein Kopfballtor gelang.

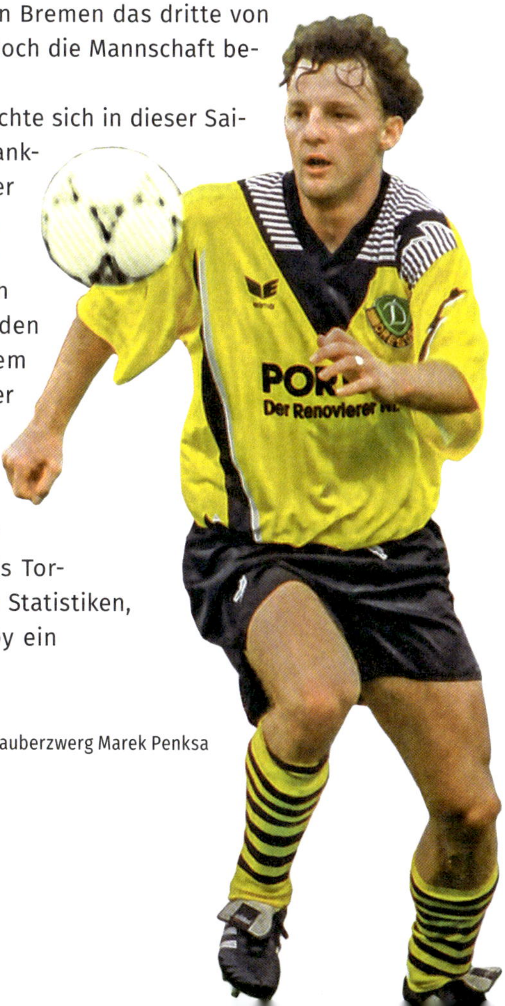

Zauberzwerg Marek Penksa

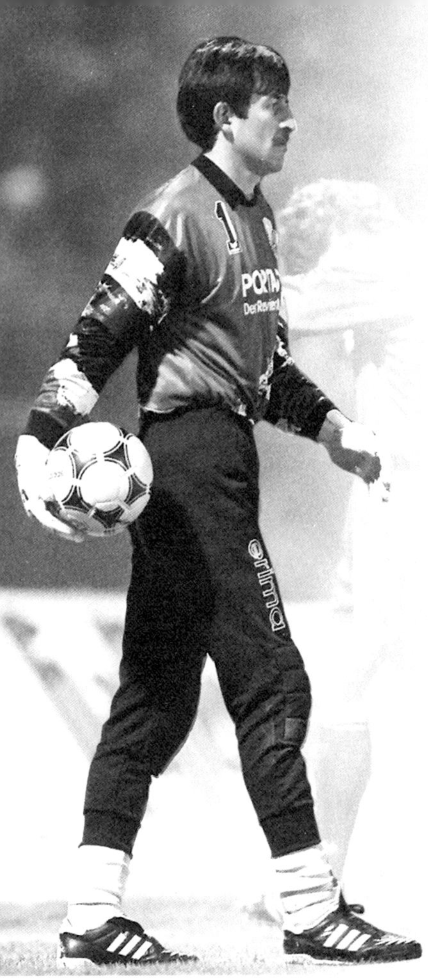

„Der Russe auf dem Roten Platz“, Stanislaw Tschertschessow

In der finalen Saisonphase konnte er das gegen den FC Schalke 04 wiederholen. Doch damit nicht genug, setzte er sich kurz vor Ende des Spieles auf Höhe der gegnerischen Eckfahne mit dem Gesäß auf den Spielball. Diese wenigen Sekunden fehlen seitdem in keiner Zusammenfassung der Bundesligageschichte. Trainer Sigfried Held, so schilderte es sein Co-Trainer Ralf Minge Jahre später im vereinseigenen DynamoTV, glaubte, sich versehen zu haben, als er fragte: „Sagen Sie Ralf, was hat denn Marek da jetzt gemacht?“

Während das Stadion Marek Penksa für diese Aktion feierte, waren ihm der Unmut der Schalker und eine Gelbe Karte sicher. Als er kurz darauf ausgewechselt wurde, brandete erneut Jubel auf. Wenige Zeigerumdrehungen später besiegelte der Abpfiff einen weiteren wichtigen 1:0-Sieg. Er läutete den Schlussspurt ein. In den letzten Spielen holte Dynamo noch fünf von sechs Zählern, die zu vergeben waren.

Damit blieb der 1. FC Dynamo Dresden erstklassig. Es war eine der schönsten Saisons, auch ohne jedes Europapokalspiel!

„Der Schweiger“ in einer lauten Zeit

Zwischen 1991 und 2021 haben einzig Christoph Franke und Uwe Neuhaus mehr als zwei Jahre an der Dresdner Seitenlinie verbracht und ihre Ideen ansatzweise umsetzen können.

Sigfried Held war einer der vielen Trainer, die sich Dynamo Dresden antaten. Die Dauer seiner Tätigkeit reihte sich vom 1. Juli 1993 bis 22. November 1994 genau in die durchschnittliche „Haltbarkeit“ von etwas mehr als einem Jahr ein. Sein in 48 Bundesligaspielen erreichter Punkteschnitt war nicht besser als der anderer Trainer. Trotzdem bleibt er unvergessen.

Nach gerade einmal drei Monaten war die Zeit des Trainers eigentlich schon wieder abgelaufen, als ihn der cholerische Dynamopräsident Rolf-Jürgen Otto vor die Tür setzen wollte. Manager Udo Klug konnte das noch verhindern.

Der besonnene Klug und der charmant als „Schweiger“ bezeichnete Held waren das Beste, was Dynamo in dieser Zeit passieren konnte. Sie bekamen Ruhe in den nie um Schlagzeilen verlegenen Verein und arbeiteten sich mit der Mannschaft aus den Niederungen der Tabelle. Dabei half in Pjotr Nowak ein kreativer Mittelfeldspieler, den Klug Anfang September nach Dresden lotsen konnte.

Anders als Walter Fritzsch, der seiner Mannschaft auch nach großen Spielen öffentlich eher die Mängel als die gelungenen Aktionen darlegte, war Sigfried Held zwar ein genauso prinzipientreuer Trainer, kritisierte aber intern. In „Das Dynamo Buch 1953-2013“ erinnerte sich Verteidiger Detlef Schößler noch Jahre später beeindruckt daran, von seinem Trainer immer gesagt bekommen zu haben, was ihm nicht gefallen habe, egal, wie das Spiel ausgegangen sei. In der Presse tauchten die Einschätzungen des Trainers nie auf.

Im Februar 1994, als Dynamo ungefährdet mit 3:0 gegen Borussia Dortmund triumphierte, bremste Sigfried Held die aufkommende Euphorie: „Wer vorher rechnet, muss es meistens hinterher noch einmal tun." Im Buch „Dynamo Dresden, 65 Geschichten voller Leidenschaft und Tradition" sind es erstaunlich viele Zitate des Schweigers, die in Erinnerung blieben. Held sollte Recht behalten. Nach dem Sieg gegen Dortmund folgte eine Durststrecke über fast zwei Monate.

Nach dem Klassenerhalt sprach Sigfried Held betont bescheiden von einem „relativ erfolgreichem Jahr". Als im Verlauf des Sommers die kreative Mittelfeldachse um Miroslav Stević, Pjotr Nowak und Marek Penksa, dazu mit Olaf Marschall der beste Torschütze, an Bundesligakonkurrenten abgegeben wurden, versuchte der Trainer sich nichts anmerken zu lassen, schaute aber ebenfalls nach Alternativen. In seinen Vertrag ließ er sich eine Ausstiegsklausel einsetzen, für Gamba Osaka nutzte er sie während der Saison 1994/95.

In Dresden in Erinnerung geblieben ist er durch sein nach außen hin unnahbar wirkendes Verhalten und viele Aussagen, deren Inhalte sich nicht unbedingt beim ersten Hören oder Lesen vollständig erschlossen. Mit seiner Ruhe war Sigfried Held zwischen Juni 1993 und Herbst 1994 der richtige Mensch in Dresden.

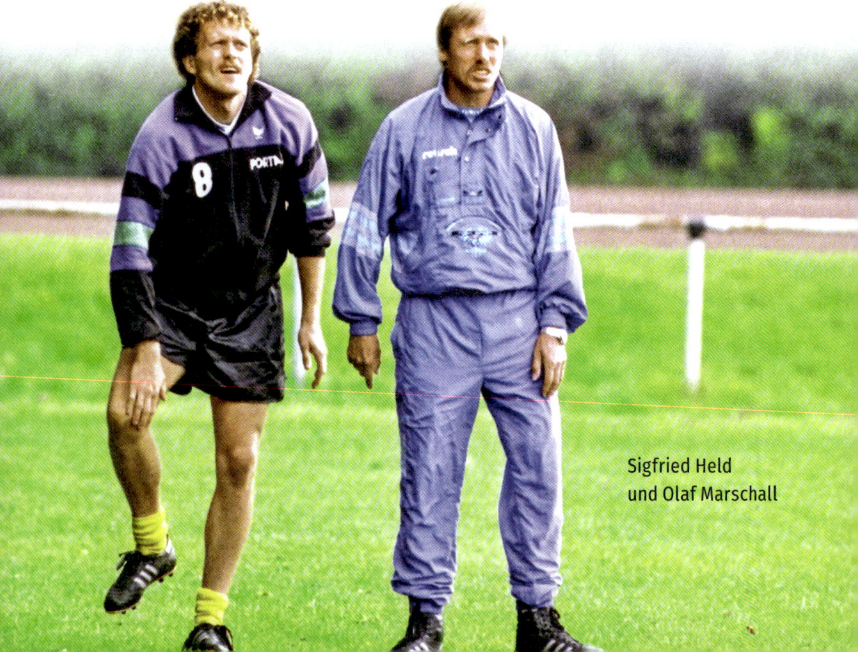

Sigfried Held
und Olaf Marschall

Der stürmende Torwart

Thomas Köhler hat bei Dynamo eigentlich alles mitgemacht. Als junger Spieler wechselte er in der Winterpause 1988/89 nach Dresden, um den nach dem Uerdingen-Spiel gebrandmarkten Jens Ramme zu ersetzen. Er gab sein Debüt am vorletzten Spieltag und war damit Teil der legendären Meistermannschaft von 1988/89. Auch im letzten Europapokalspiel des Vereins knappe zwei Jahre später gegen Roter Stern Belgrad stand er auf dem Feld.

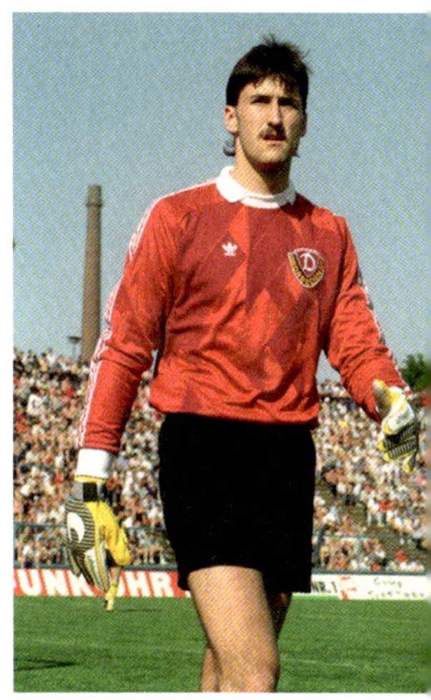

Thomas Köhler

Nach Zwischenstopps in Rostock und Leipzig kehrte Köhler nach dem Zwangsabstieg 1995 zu Dynamo zurück und wurde für vier Jahre Stammtorhüter des Vereins und im Verlauf auch ihr Mannschaftskapitän.

Am 18. September 1998 sorgte er im Spiel gegen den Eisenhüttenstädter FC Stahl dann für einige Aufregung, als ihm aus dem Spiel heraus gelang, als Torwart ein Tor zu erzielen. Nach mehreren Eckbällen tauchte Köhler kurz vor Spielende im gegnerischen Strafraum auf. Den von Sascha Schönfeld gut getretenen Eckball erwischte er präzise mit dem Kopf, und wuchtig schlug der Ball im Gehäuse der Eisenhüttenstädter ein. Auch heute noch erinnert er sich gerne an dieses Tor, welches keinem anderen Torhüter bei Dynamo gelang.

In adrenalingetränktem Hoch rannte er anschließend quer über das Spielfeld und probierte sich am sogenannten Diver, einer Spezialität, die sich für den übers Feld rutschenden gut anfühlt und für die Fans schick aussieht. Wenn der Rasen nass ist.

„War er leider nicht“, schmunzelte Köhler auf Nachfrage. Der Rutsch auf dem Stadionrasen war eher hoppelig und die köhlersche Brust danach geprellt.

Die Akte Rolf Schafstall

Die Episode Rolf Schafstall gehört zu den besonderen im reichen Fundus des Vereins. Seine Schaffenskraft als hauptamtlicher Trainer im Frühjahr 1999 erstreckte sich über gerade einmal 57 Tage. Nach nicht einmal zwei Monaten wurde er nach einem aufsehenerregenden Interview mit dem „Spiegel" von seinen Aufgaben entbunden. Grund waren Aussagen über ein wahrlich heruntergekommenes Stadion, das in tiefen Schlaf gefallen, gealtert und nie wieder wachgeküsst worden war.

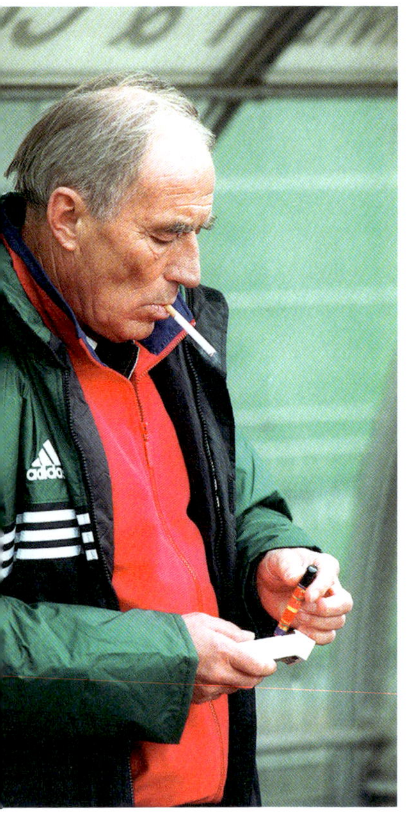

Die Umkleide der Mannschaft im benachbarten Steinhaus war in keinem besseren Zustand. Medial wirksam nutzte Schafstall den Spiegel in der Ausgabe vom 29. März 1999, um aus den heruntergekommenen Räumlichkeiten eine Generalabrechnung mit dem Osten und seinen „unfähigen" Bewohnern zu machen: „Die sind nicht zur Arbeit, nicht zur Ordnung, zu nichts erzogen worden hier."

Manchmal werden Zitate aus dem Zusammenhang gerissen oder absichtlich angespitzt, um die Auflage zu erhöhen. Als Thomas Köhler, zu Zeiten von Rolf Schafstall Kapitän der Mannschaft, dazu gefragt wurde, ob er ihn 1999 so kennengelernt hat,

Rolf „Ich weiß, das ist befristet" Schafstall

wie es das Interview vermuten lässt, bestätigte er das Bild und erinnerte sich an mehrmalige Rapporte, zu denen er anzutreten hatte. „Wir hatten von Anfang an kein gutes Gefühl, aber Kinowelt war damals der Geldgeber und wollte natürlich Einfluss darauf nehmen, wer da auf dem Trainerstuhl saß und die Geschicke lenkte."

Der Posten des Cheftrainers wurde einen Tag später neu vergeben, nachdem das Interview von Schafstall die gewünschte Aufmerksamkeit in ganz Deutschland bekam.

Schafstall geht damit als Trainer mit der kürzesten Amtszeit in die Geschichte Dynamos ein. Zumindest wird dies immer wieder behauptet.

Als am 24. Februar 2019 Maik Walpurgis beurlaubt wurde, stellte die Sächsische Zeitung die Top Ten der dynamischen Kurzzeittrainer vor. Walpurgis befand sich mit seinen gerade einmal 166 Tagen auf einem beachtlichen siebten Rang. Weniger als ein halbes Jahr Tätigkeit waren sechs weiteren Übungsleitern vergönnt!

Horst Hrubesch schaffte in der Saison 1994/95 mit 93 Tagen ziemlich genau ein Vierteljahr inklusive Winterpause. Nach gerade einmal fünf Spielen wurde sein Name wieder vom Spind entfernt. Dennoch hatte es nicht ganz für den ersten Rang gereicht. Denn ganz oben platzierte die Sächsische Zeitung Rolf Schafstall.

Doch schaut man die Trainerhistorie bis ganz in die Anfangsjahre durch, dann blieb dem Wüterich aus dem Ruhrpott nicht einmal dieser Titel, denn vergessen wurde Walter Fritzsch. Der ist der Trainer mit dem längsten Durchhaltevermögen von neun Jahren und gleichzeitig auch der mit der kürzesten Amtszeit. Als Nachfolger von Paul Döring unterschrieb er seinen Vertrag zum 1. Juli 1953, um ihn dann, als er wegen János Gyarmati ins zweite Glied des Assistenztrainers rücken sollte, am 5. August 1953 wieder zu kündigen. Seine Zeit als hauptamtlicher Trainer endete damit bereits nach 36 Tagen.

„Wir kommen wieder“ … nach Sondershausen

Nach der Saison 1999/2000 war Dynamo an einem Tiefpunkt angekommen, der sich ähnlich anfühlte wie die Versetzung in die Bezirksliga im Herbst 1956. Zwar nannte sich die neue Liga, in der sich Dynamo einreihte, „Oberliga“, doch im Gegensatz zu Zeiten der DDR bedeutete das Viertklassigkeit. Nachdem der Meister von 1953 innerhalb dreier Spielzeiten gefühlt ganz unten angekommen war, hatte sich Dynamo diesmal fünf Jahre Zeit gelassen zwischen Gegnern wie Bayern München oder Borussia Dortmund und Duellen gegen Wacker Nordhausen oder Landesligaaufsteiger Eintracht Sondershausen.

Gleich am ersten Spieltag war Dynamo beim Aufsteiger zu Gast. Sondershausen war eine reine Amateurmannschaft. Das bedeutet, dass die Spieler einer geregelten Arbeit nachgingen und sich abends zum Training trafen, während Dynamo Dresden unter Profibedingungen arbeitete.

Um zu zeigen, wer der wahre Favorit war, hatte eine Leipziger Werbefirma den Slogan „Wir kommen wieder“ entworfen. Vor dem Spiel wurde jedem Fan der Thüringer eine Packung Taschentücher überreicht. Nach dem Spiel, das 1:0 für den Aufsteiger endete, wurden die Taschentücher garantiert an den Dresdner Anhang weitergereicht.

Sondershausen hat sich ins Gedächtnis der Dynamo-Fans eingebrannt. Vieles ist in den Jahren zwischen 1991 und 2001 schiefgegangen, die Niederlage gegen den Landesligaaufsteiger gehört zu den peinlichsten Momenten der dynamischen Geschichte. Wer denkt, dass dies einmalig blieb, irrt. Im Rückspiel zu Hause verlor Dynamo vor 1780 Fans mit 0:2.

Und so fuhr Dynamo auch ein Jahr später wieder nach Sondershausen.

Tiefpunkt Nordhausen

Eine weitere Episode hat sich in die Festplatte der Vereinsgeschichte eingebrannt. Zwar gab es in der „Wir kommen wieder“-Saison am 9. Mai 2001 beim 5:0 gegen Wacker Nordhausen einen Sieg zu feiern, doch was der tatsächlich wert war, zeigte die Aufstellung des Gegners. Das Spiel fand an einem Mittwochabend statt. Die Gäste, die ebenfalls wie die in Erinnerung gebliebenen Gegner aus Sondershausen als reine Amateurmannschaft antraten, hatten gerade elf einsatzfähige Spieler mit nach Dresden genommen. Von denen verletzte sich einer beim Aufwärmen. Wacker Nordhausen spielte von Anfang an gehandicapt. Dynamo gewann, doch feiern wollte vor gerade einmal 920 Zahlenden niemand. Dieses Spiel zeigte wie kaum ein anderes überdeutlich, wo Dynamo inzwischen angekommen war.

Die Dresdner Morgenpost schrieb am Folgetag groß in ihrer Überschrift, dass es ein Spiel vor „920 Fans & zehn Gegnern“ noch nie gegeben hätte.

Selbst der Verein befeuerte diese Geschichte, als er auf seiner Homepage im Februar 2014 den damaligen Interimstrainer Meinhard Hemp offiziell in den Ruhestand verabschiedete. Auch zu diesem Anlass wurde auf das Spiel von 2001 gegen Nordhausen vor 920 Zuschauern mit folgendem Statement hingewiesen, „so wenig wie nie zuvor bei einem Pflichtspiel der ersten Mannschaft“.

Es ist sicherlich nicht ungewöhnlich, rückblickend diese Saison als eine Zäsur in der Vereinsgeschichte zu betrachten. Nur ist diese Aussage schlichtweg falsch.

Und dafür müssen nicht einmal die zwangsläufig in Mode gekommenen Geisterspiele herhalten.

Nachdem die SG Dynamo in den wilden 50er Anfangsjahren in der II. DDR-Liga, Staffel Süd angekommen war, spielte sie am

28. Oktober 1956 zu Hause gegen den Tabellendritten Chemie Leuna. Der Aufstieg war für Dynamo nicht mehr möglich, vom folgenden Abstieg am Grünen Tisch ahnte die Mannschaft noch nichts. Die Sächsische Zeitung schrieb in ihrer Ausgabe vom 29. Oktober 1956: „Es blieb Dynamo Dresden gestern Nachmittag bei höchst unfreundlichem, nasskaltem Wetter (und etwa 400 Zuschauern) vorbehalten, diesen sensationellen Sieg herauszuspielen." Dynamo Dresden gewann gegen Chemie Leuna mit 6:0 und erzielte damit den zweithöchsten Sieg der Saison.

Wer geht bei nasskaltem Wetter wirklich gerne vor die Tür? Am 28. Oktober 1956 auf alle Fälle deutlich weniger, als es der Dresdner Morgenpost und der SG Dynamo Dresden etwa ein halbes Jahrhundert später lieb gewesen wäre.

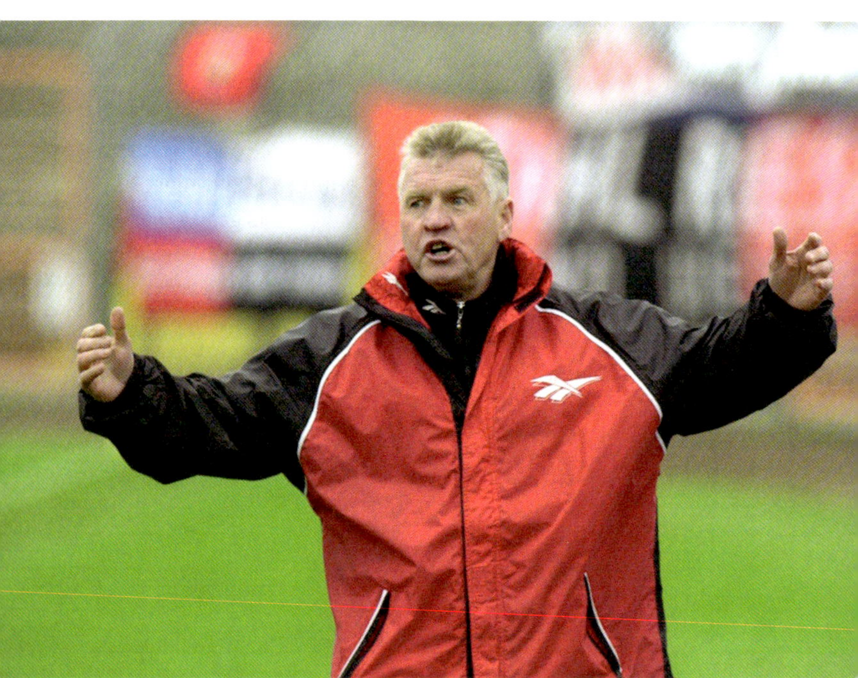

Interimstrainer Meinhard Hemp coachte bei einem der denkwürdigsten Dynamo-Spiele.

Aus dem Dunkeln

Christoph Franke schaute sich am 9. Mai 2001 das Trauerspiel gegen Wacker Nordhausen an und war dennoch nicht von seiner neuen Tätigkeit als Trainer bei Dynamo Dresden abzubringen. Zur Sommerpause 2001 wurde er seit 1995 bereits der neunte verantwortliche Trainer in Dresden, Interimstrainer Meinhard Hemp gar nicht eingerechnet.

Gemeinsam mit Manager Sigmar Menz und Geschäftsführer Volkmar Köster machten sie aus der Not eine Tugend. Mit einem einmal mehr runderneuerten Kader, aus dem in insgesamt 36 Saisonspielen gerade einmal 19 Akteure eingesetzt wurden, wagte sich der Verein ins neue Spieljahr. Unter ihnen befanden sich gerade einmal neun Spieler aus der Vorsaison. Mit Volker Oppitz gehörte ein Spieler zum Stamm, den Christoph Franke in der Vorsaison in der zweiten Mannschaft entdeckt hatte und der sich in den letzten beiden Saisonspielen unter Meinhard Hemp erstmals beweisen durfte.

Mit dem 34-jährigen Steffen Heidrich konnte ein Routinier aus Cottbus losgeeist werden, der dort aufs Abstellgleis geraten war. Ihm folgte Thomas Neubert, der bei Energie ebenfalls keine Perspektive mehr besaß. Dabei wurde Neubert, der bereits einen Vertrag zur neuen Saison bei Dynamo besaß, vom damaligen Kurzzeitpräsidenten André Lorentschk ein zweites Mal verpflichtet.

Laut Dresdner Legende reiste er nach Cottbus, um das letzte Dresdner Tafelsilber mit Namen Lars Jungnickel und Silvio Schröter in den Spreewald zu verkaufen, damit es überhaupt eine Lizenz für Dynamo gab. Das Cottbuser Verhandlungsteam ließ sich nicht lumpen und verrechnete Thomas Neubert noch einmal.

Wie dem auch sei, Neubert war als unermüdlicher Kämpfer, der nie aufsteckte und selbst unerreichbaren Bällen hinterherrannte, bei Dynamo bald unersetzlich. Ganz besonders in Erinnerung blieb sein Maulwurfstor in Plauen, dem größten Konkurrenten um den Staffelsieg. Eine hohe Eingabe der Dresdner, eigentlich ein aussichtsloser Ball, sprang in Richtung des gegnerischen Torwarts. Thomas Neubert eilte dem Ball dennoch hinterher. Als der Torwart den Ball mit dem Fuß stoppen wollte, versprang er ihm aufgrund eines Platzfehlers. Neubert bekam ihn dadurch und netzte zum 1:0-Siegtreffer ein. Dynamo hatte sein in die Vereinsgeschichte eingehendes Maulwurfstor und am Saisonende drei Punkte Vorsprung vor den Plauenern, was den Staffelsieg bedeutete.

In den folgenden Relegationsspielen gegen die Amateure von Hertha BSC war Dynamo zum Aufstieg verdammt. Geschäftsführer Volkmar Köster trug seit einiger Zeit einen ausgefüllten Insolvenzantrag bei sich. Mit einem knappen 1:0 im Hinspiel, bei dem sich aus dem ohnehin zu kleinen Kader Dresdens erfolgreichster Torjäger Denis Koslov das Kreuzband riss, und einer Nullnummer mit dem allerletzten Aufgebot im Rückspiel stieg Dynamo in Berlin auf. Der Insolvenzantrag verblieb weiterhin in der kösterschen Aktentasche.

Das Wichtigste aber war: Dynamo hatte sich mit seinen Fans versöhnt, die wieder lautstark den Verein unterstützten, die Mannschaft angenommen hatten und Geld für notwendige Bürgschaften zur Lizenzerteilung sammelten.

In der Saison 2003/04 spielte die Mannschaft ohne Trikotsponsor. Eine kleine Fangruppe entwarf ein Spezialtrikot, von dem 2003 Exemplare mit fortlaufender Nummer geschaffen und mit „Brustsponsor“ bedruckt wurden. Das Trikot konnten Fans für 99 Euro erwerben. Die überregionale Aufmerksamkeit sorgte dafür, dass sich mit „Cleanaway“ bald ein Trikotsponsor fand.

„Dresden ist anders!“

Im Sommer 2004 stieg Dynamo Dresden erstmals in die 2. Bundesliga auf. In Ignjac Krešić, Levente Csik, Volker Oppitz, Steffen Heidrich und Thomas Neubert gehörten noch fünf Stammspieler der ersten Franke-Saison zum Kader.

Dynamo schien unter Christoph Franke und Volkmar Köster sportlich und finanziell seriöser geworden zu sein. Die Saison in der 2. Bundesliga begann gut, ehe ein massiver Abwärtstrend einsetzte. Volkmar Köster hielt an Christoph Franke fest, der das Vertrauen bestätigte. Den 18 Punkten der Hinrunde konnten Mannschaft und Trainer 31 in der Rückrunde hinzufügen. Dynamo konnte auch 2. Bundesliga!

Nach drei Siegen in den ersten vier Spielen wurde Dynamo Dresden von gegnerischen Trainern plötzlich zum Aufstiegskandidaten erklärt – vor allem, nachdem es Dynamo als erster Auswärtsmannschaft gelungen war, gegen den TSV 1860 München in der neuen Allianz-Arena zu gewinnen. Der Anhang hörte das gern. Wollte der Verein die letzten Zweijahrespläne, zwei Jahre Oberliga Nordost, zwei Jahre Regionalliga Nord, inzwischen zweites Jahr 2. Bundesliga einhalten, war da auch was dran.

Der folgende Absturz war brutal. Nach sieben Spielen ohne Sieg mit gerade einmal zwei Unentschieden war es das 1:4 im Heimspiel gegen die Erzgebirgsmannschaft, die Dynamo auf einen Abstiegsplatz rutschten ließ.

Es folgte ein relativ weiches Ultimatum der Vereinsführung. Drei Punkte aus den folgenden Partien in Karlsruhe und zu Hause gegen Unterhaching galt es zu holen. Trotz Reaktivierung des als längst ausgestorben geltenden Liberos – Ansgar Brinkmann versuchte sich in der Rolle – verlor Dynamo in Karlsruhe. Für Franke ging es gegen Unterhaching um den Job.

Ignjac Krešić, der bereits im ersten Spiel unter Franke im Tor stand, hütete es auch in diesem wichtigen Spiel. Volker Oppitz hatte sich im Debakel gegen die andere sächsische Mannschaft verletzt. Die restlichen Mohikaner von 2001, Levente Csik und Thomas Neubert, saßen auf der Bank.

Erneut mit Ansgar Brinkmann als Libero gelang es Dynamo, die frühe Führung der Gäste aus Unterhaching durch ein erzwungenes Eigentor auszugleichen. Joshua Kennedy erweckte später noch so etwas wie Hoffnung, als Dynamo durch ihn in Führung ging.

Etwas vornehmer als Andreas Brehme ausgedrückt: Wenn einmal nichts klappt, bleibt das Pech an den Füßen kleben. Unterhaching drehte das Spiel und gewann mit 3:2.

Schickte dieses Ergebnis den Trainer, der es am viertlängsten im Verein ausgehalten hatte, der zweimal aufgestiegen war, der einen klinisch toten Club reanimiert und aus seinem Dornröschenschlaf erweckt hatte, in Rente? Das Ultimatum und die Tabelle sprachen dafür, denn der Abstand zum Nichtabstiegsplatz war von einem auf drei Punkte angewachsen.

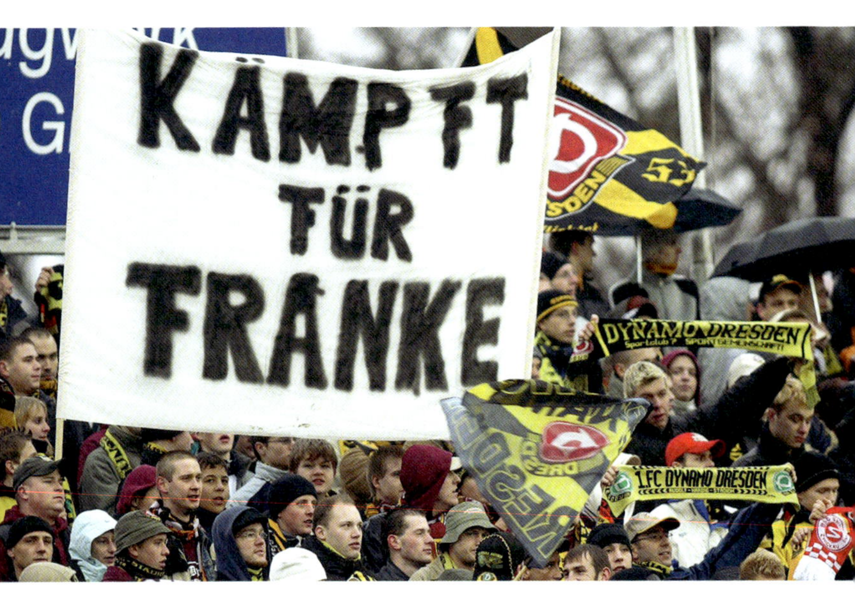

Klarer Auftrag an die Mannschaft

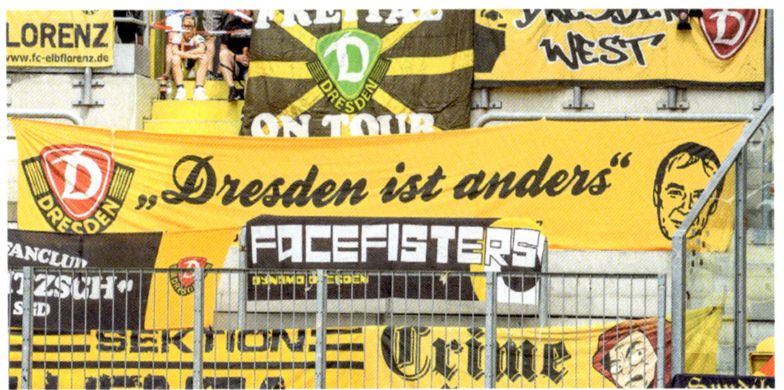

Diese Weisheit ist fest im Vereinsgedanken verankert.

Franke wollte nicht so einfach durch die Hintertür abtreten. Er ging ein letztes Mal in die Kurve, um sich zu verabschieden und wurde von den Fans lautstark gefeiert. Etwas entfernt davon schauten sich Geschäftsführer Volkmar Köster, Präsident Jochen Rudi und Aufsichtsratschef Friedemann Küchenmeister das Geschehen an.

Und dann geschah das, was Dynamo Dresden so unberechenbar wie einzigartig macht: Der Verein lud am folgenden Tag zur Pressekonferenz. Volkmar Köster nahm Platz und erklärte das für alle am Vorabend unerwartete Verbleiben von Franke bei Dynamo mit den Worten „Dresden ist anders!“

Diese drei kleinen Worte haben Einzug in den Sprachgebrauch eines jeden Dynamofans gefunden. Sie werden verwendet, wenn getroffene Entscheidungen nicht wirklich begründbar, unglücklich oder schlichtweg falsch erscheinen.

Geholfen hat es wenig. Nach zwei Unentschieden und einer derben 1:5-Klatsche in Saarbrücken wurde die Zusammenarbeit mit Franke ohne ein weiteres Ultimatum dann doch zeitnah beendet. Am Ende der Saison stieg Dynamo ab.

Zwei Jahre später wurde Franke in einem Interview der Sächsischen Zeitung gefragt, ob diese und die folgende Saison mit ihm an der Seitenlinie anders verlaufen wären. „Ich weiß, das ist ketzerisch“, erklärt er schelmisch grinsend, „aber abzusteigen wie mein Nachfolger und nicht aufzusteigen, wie der nächste Nachfolger, das hätten wir auch geschafft.“

40 Punkte

„Wir wollen 40 Punkte holen“, so lautet der häufig gehörte Satz, wenn ein Verein nicht klar das Ziel eines Aufstiegs ausgerufen hat. 40 Punkte bedeuten im Volksglauben den sicheren Klassenerhalt und ausreichend Möglichkeiten, am Ende der Saison den eigenen Anhang positiv zu überraschen.

Der Kicker hat einmal nachgerechnet und bemerkt, dass es mathematisch gesehen 58 Punkte sein müssten. Wenn alle Mannschaften ihre Heimspiele gewinnen sowie gegen dieselben zwei Vereine auch auswärts erfolgreich sind, stehen am Ende der Saison 16 Klubs mit 57 Punkten da, wovon einer in die Relegation muss. Theoretischer Ansatz, rechnerisch richtig.

Praktisch war es in der Bundesliga der Karlsruher SC mit 38 Punkten, der vor Dynamo am „erfolgreichsten“ am Ende der Saison abstieg. Borussia Mönchengladbach reichten einmal 31 Punkte, ohne überhaupt in die Relegation zu müssen.

Volkmar Köster hatte zur Rückrunde der Saison 2005/06 als neuen Trainer den österreichischen Grantler Peter Pacult verpflichtet. Dynamo stand abgeschlagen am Tabellenende. Der Plan war es, 40 Punkte zu sammeln, um nicht in die Drittklassigkeit abzusteigen. Dafür erhielt Pacult die noch fehlenden 27 Punkte medienwirksam als Tischtennisbälle überreicht. Für jeden gewonnen Punkt sollte einer zurück ins noch leere Glas des Geschäftsführers Volkmar Köster gehen.

Trainer und Mannschaft sammelten fleißig. Punkt um Punkt, gleich 14 füllten in den letzten sechs Spielen das Glas. Ob Volkmar Köster vorsorglich vor dem Finale in Rostock noch neue gekauft hat, ist nicht überliefert. Da Dynamo bei der Kogge gewann, übererfüllte Peter Pacult den Plan und lieferte 28 Bälle ab. Reichte aber trotzdem nicht. Dynamo Dresden stieg mit 41 Punkten ab.

Der Schulsportheld

Alexander Schnetzler war gerade mit Osnabrück aus der 2. Bundesliga abgestiegen, als Relegationsgegner Dynamo bei ihm anfragte. Immerhin: Er hatte erst 45 Zweitligaspiele auf dem Buckel. Eine gute Möglichkeit für ihn.

Mit 32 Jahren und einer überschaubaren Erfahrung im deutschen Unterhaus war seine Verpflichtung für die Breite des Kaders gedacht. Jemand, der verlässlich seinen Job macht, wenn er gebraucht würde. Seine Ankunft wurde im Paket mit vier anderen Neuen bekannt gegeben. Seine eigenen Pressemitteilungen sollten später kommen.

In den ersten Spielen erlebte Schnetzler wohl eine Reminiszenz an den Schulsport. Da wurden, wie sich sicherlich jeder erinnert, in Mannschaftsspielen von zwei „Kapitänen" Mitspieler gesucht. Immer gab es einige, die am Ende übrig blieben. Doch während im Schulsport irgendwann alle zu ihren Einsatzzeiten kommen, geht es im Profifußball spätestens nach den Testspielen anders zu.

Schnetzler saß, schaute, wartete, wärmte sich auf und hoffte, zur Seitenlinie gerufen zu werden, zunächst vergeblich.

Dann kam die erste Runde im DFB-Pokal. 100 Minuten war das Spiel inzwischen alt, da pfiff sein Sportlehrer Ralf Loose. Sebastian Schuppan war von Wadenkrämpfen gebeutelt und völlig entkräftet. Der Neue sollte eine Duftmarke setzen. Er lernte das Dresdner Publikum und dessen Lautstärke kennen, die Fans waren im Gegenzug dabei, als Schnetzler diesen magischen Sportmoment seines Lebens erlebte. Ihn hatte es gebraucht, um Geschichte in der Geschichte des DFB-Pokals zu schreiben.

Jeder, der beim Schulsport beim Wählen der Mannschaften übrig blieb und warten musste, wird das kennen. Plötzlich ist man mittendrin – „Stress" –, bekommt den Ball – „Hektik" –, möchte nichts falsch machen – „Panik" –, und verkrampft dabei dermaßen – „Argghhh"...

… doch Schnetzler war, wie beschrieben, schon 32 Jahre alt, abgebrüht, erfahren und eine durch und durch coole Socke! Nach einer Ecke der Leverkusener Vizemeistermannschaft stocherte Sascha Pfeffer mit seiner ganzen Erfahrung von acht Zweitligaminuten Hanno Balitsch den Ball vom Fuß und spielte einen öffnenden Pass in den Lauf des bereits losstürmenden Debütanten Schnetzler. Der spurtete mit Ball am Fuß über das halbe Spielfeld auf David Yelldell zu – und wo jeder Jungspund versucht hätte, Ball und Torwart gemeinsam ins Tor zu treten, lupfte er ihn. Während sich der Ball ins Gehäuse senkte, hatte sich das Schicksal des Routiniers von der Ersatzbank besiegelt.

Sein Siegtor in der 117. Spielminute spülte der SGD Einnahmen in die Kassen. Und die wurden investiert. Ganze sieben Spieler stießen nach dem Pokalsieg bis zur Schließung der Transferliste

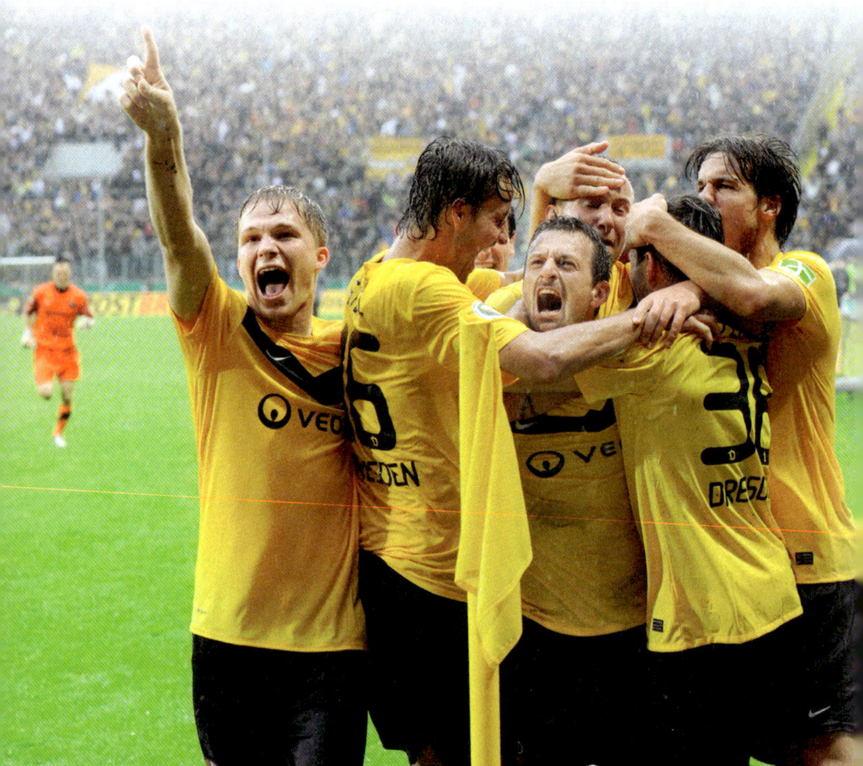

zum Verein, darunter auch zwei weitere Spieler auf der Position des dynamischen Pokalhelden, der des linken oder rechten Außenverteidigers.

Während andere auf dem Feld standen, wartete Schnetzler weitere 18 Zweitligaspiele von der ersten bis zur letzten Minute auf ein Zeichen von Ralf Loose. Es sollte nicht kommen, nur in der zweiten Pokalrunde in Dortmund durfte er noch einmal ran. Sein 46. und letztes Spiel in der 2. Bundesliga absolvierte er im bedeutungslosen letzten Saisonspiel.

Im vereinseigenen „DynamoTV"-Kanal wurde das Spiel in der Reihe „30 Momente aus 30 Jahren" zehn Jahre später noch einmal ausführlich besprochen.

Robert Koch, ein weiterer Dynamoheld und damaliger Doppeltorschütze, erzählte mit einem breiten Grinsen, dass Schnetzler kurze Zeit später für den Sportsender „Sport1" seinen Sprint und das Tor im Stadion noch einmal nachstellen sollte. Schnetzler rannte dabei mehrfach auf das leere Tor zu, traf aber nicht. War halt kein Pokalspiel ...

Eine spätere Nachfrage, ob das wahr sei oder Koch ihn foppen wollte, beantwortete er ehrlich. Vier Versuche hatte es benötigt, den Ball im Gehäuse unterzubringen. Ein erster Versuch war zwar erfolgreich, aber ein mit seinen eigenen Einstellungen unzufriedener Kameramann bat um Wiederholung. Zwei Fehlversuche folgten, dann war die Szene endlich im Kasten und auch der Kameramann zufrieden.

Heldenstatus mit nur drei Spielen in schwarz-gelb erhielt Alexander Schnetzler dennoch. Auch mehr als zehn Jahre später bleibt sein Name in der Fangemeinschaft mit einem breiten Grinsen verbunden.

Der Höhepunkt seiner
ersten Sportstunde:
Alexander Schnetzler (Mitte)
jubelt nach seinem Tor.

Vom Feld an den Schreibtisch

Die Jahre zwischen 2008 und 2011 erinnerten intensiv an die Chaosjahre unter der Präsidentschaft des Bauunternehmers Rolf-Jürgen Otto. Unter seiner Führung wurde Dynamo 1995 die Lizenz entzogen.

Pleite ging der Verein zwar weder unter seiner Ägide noch in den Folgejahren, aber immer wieder schaute die Insolvenz dem Verein tief in die Augen und flirtete. 2002 half ein Aufstieg, den Weg aus der völligen Bedeutungslosigkeit zu finden und den bereits ausgefüllten Insolvenzantrag in einer Aktentasche zu belassen, 2011 war es die Rückkehr in die 2. Bundesliga.

2008 war der Flirt zwischen Insolvenz und Verein schon weit fortgeschritten, als die Stadt Dresden mit einer Bürgschaft über 1,25 Millionen Euro die Sportgemeinschaft am Leben hielt. Um die Chance zu haben, das Geld irgendwann einmal wiederzusehen, hatte sie auf ein Vetorecht bestanden, um bei typischen Vereinsentscheidungen á la „Dresden ist anders" gegebenenfalls regulierend eingreifen zu können. Zwei Jahre später wurde der vom Verein favorisierte neue Geschäftsführer Rolf Dohmen von der Stadt abgelehnt. Nach vielen internen Streitigkeiten hatte der bisherige Geschäftsführer, Stefan Bohne, hingeworfen.

Bohne wollte nicht mehr, Dohmen durfte nicht. Anschließend legte zuerst der dynamische Aufsichtsratsvorsitzende seinen Posten nieder, einige Tage später der gesamte Aufsichtsrat. Dynamo war führungslos. Ungewollt mittendrin befand sich Dr. Volker Oppitz, der bis zum Sommer noch spielende Fußballprofi und als Assistent der Geschäftsführung angedachte Mann der Zukunft.

Der bekam, damit der Verein handlungsfähig blieb, statt einer Zuckertüte und fleißiger Mentoren, die für eine Einarbeitung unerlässlich sind, wenige Tage später die Bürde des Interimsgeschäftsführers für drei Monate aufgebrummt.

In einem Statement gegenüber dem Handelsblatt erklärte er zu Beginn seiner neuen und verantwortungsvollen Tätigkeit:

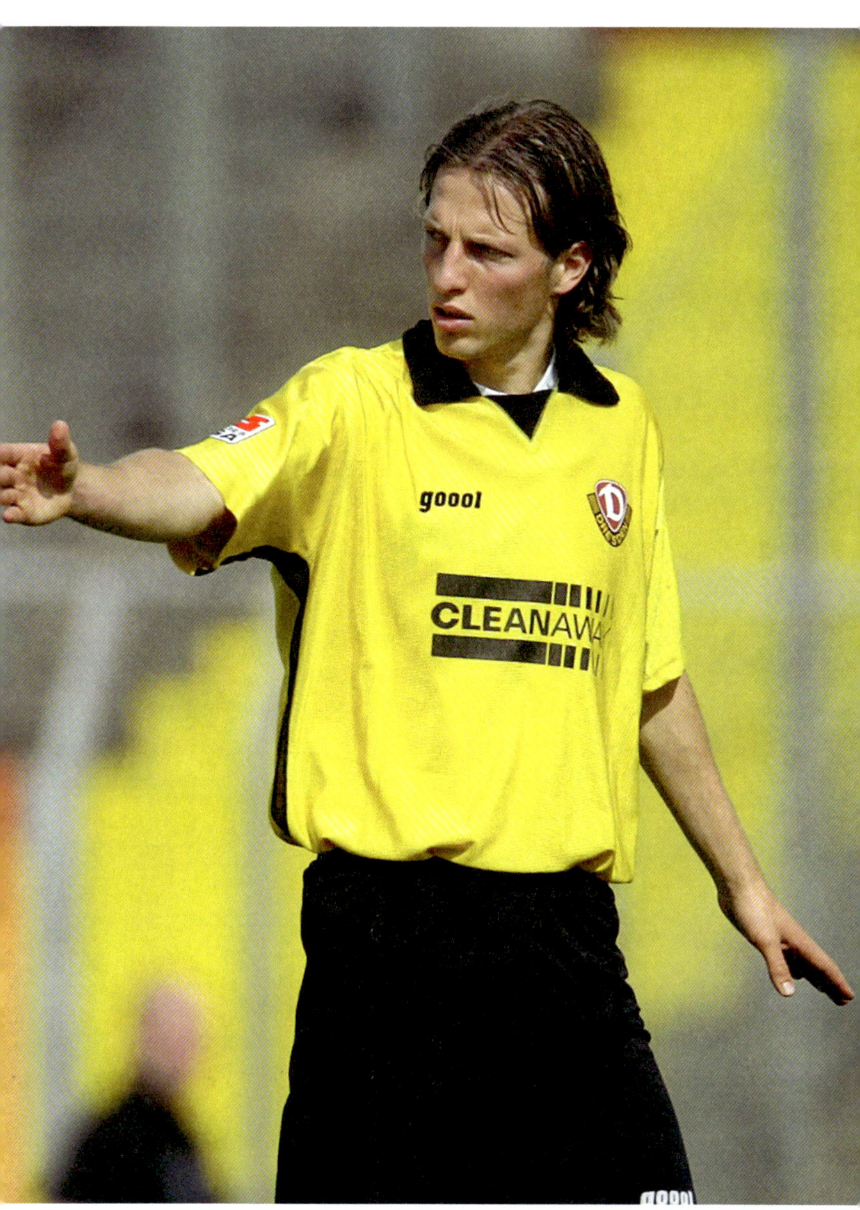

Der Spieler: Volker Oppitz

„Oberstes Ziel ist es nun, sachlich und rasch die Arbeitsfähigkeit der Geschäftsstelle wiederherzustellen."

Aus den drei Monaten wurde anschließend ein festes Angestelltenverhältnis. Während andere Profis nach Karriereende rund um den Fußballplatz abtrainieren gingen, brütete Oppitz über den noch immer schlechten Vereinszahlen. Unter seiner Geschäftsführung wurde in den folgenden Monaten erstmals so etwas wie ein Nachhaltigkeitsgedanke sichtbar. In nicht lang zurückliegenden Jahren unvorstellbar, gelang es Dynamo im Februar 2012, das im Frühjahr 2008 bei der Stadt Dresden aufgenommene Darlehen vorfristig zurückzuzahlen.

Einige Tage zuvor hatte auch Oppitz, ermüdet von den internen Grabenkämpfen, seinen Posten als Geschäftsführer abgegeben.

Oppitz war im Frühjahr 2001 von Christoph Franke noch vor dessen offiziellem Dienstbeginn in der zweiten Mannschaft gefunden worden. Er wurde für die letzten beiden Saisonspiele ins kalte Becken geworfen, wo er zeigte, dass er schwimmen konnte. Bis Dynamo Dresden 2004 in die 2. Bundesliga aufstieg, fehlte Oppitz nur in zwei Spielen und war auch da unumstritten. Im Herbst 2005, als die Mannschaft ins Schlingern geriet, verletzte er sich. Bis dahin stand er in 149 von 151 Liga- und Relegationsspielen auf dem Feld. Er war der Dauerbrenner der Mannschaft und für die Fans eine Ikone.

Chronische Probleme in beiden Knien zwangen ihn ab Dezember 2006 zu einer Pause von mehr als zwei Jahren. Nur noch die größten Optimisten rechneten mit einer Rückkehr des Fußballers Oppitz. Umso schöner war der Zeitraum, als sich eine Rückkehr abzeichnete.

Im Frühjahr 2009 stand er erstmals wieder im Kader und nahm Stadionatmosphäre auf, ohne auf dem Platz zu stehen. Am 22. März 2009 war es dann aber endlich soweit. Oppitz dirigierte auf dem Feld wie gewohnt seine Abwehr, die erstmals nach zwölf Spielen keinen Gegentreffer hinnehmen musste. Anschließend würdigte man ihn in der Kickerelf des Tages. War er wirklich mehr als zwei Jahre weg gewesen? Einen Tag später verteidigte

Oppitz seinen inzwischen erworbenen Doktortitel in Bratislava. Die Sportgemeinschaft Dynamo hatte nun einen Doktor auf dem Platz.

Nach der Saison 2009/10 beendete er dann mit 32 Jahren seine Sportkarriere. Im Gegensatz zu manch anderem, der den Zeitpunkt verpasste, hatte er sich nicht von dem Podest gestürzt, auf das ihn seine Leistungen über viele Jahre erhoben haben. Als im gleichen Sommer die Dresdner Neuesten Nachrichten die Fans ihre Traumelf mit insgesamt 22 Spielern aus sechs Jahrzehnten Vereinsgeschichte wählen ließen, waren unter ihnen nur zwei Spieler, deren Zeit nicht durch die großen Vereinserfolge in der DDR-Oberliga geprägt war. Einer davon war Volker Oppitz.

Inzwischen hat sich Volker Oppitz komplett aus dem Fußballleben zurückgezogen und ist als Geschäftsführer in der von seiner Frau selbst aufgebauten und inzwischen mehrfach bepreisten Windelmanufaktur tätig. Den Fußball und seine Auswüchse, dies teilte er in einem Gespräch der Sächsischen Zeitung mit, vermisst er nicht.

Aber der Fußball mit seinen heutigen Auswüchsen vermisst bodenständige Menschen wie ihn.

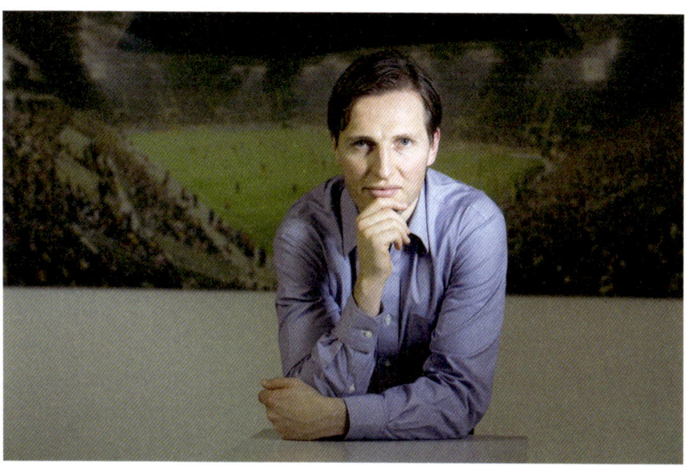

Der Funktionär: Dr. Volker Oppitz

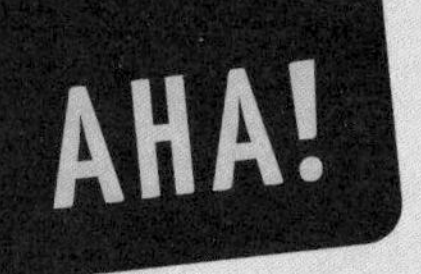

Was ist grün und hält Elfmeter?

Der SGD stand im Frühjahr 2013 sportlich mal wieder das Wasser bis zum Hals. Ralf Loose, der 2011 den vom Aufstiegskurs abgekommenen Dynamokutter doch noch über Relegationsspiele gegen den VfL Osnabrück in die 2. Bundesliga bugsiert hatte, war von seiner Linie abgekommen. Ihn ersetzte Peter Pacult, der Trainer mit den Tischtennisbällen.

Pacult hatte den Verein auf Platz 16 stehend übernommen und zielsicher auf dem Relegationsrang gehalten. 15 Punkte in zwölf Spielen waren nicht überragend, beinhalteten in den letzten drei Partien noch Chancen, die richtige Hafeneinfahrt zu erreichen.

Am 3. Mai war der SC Paderborn zu Gast. Mit 39 Punkten kurz vor der magischen Punktzahl jenseits von Gut und Böse stehend, wollten sie einen guten Saisonabschluss hinlegen. Das Stadion war sehr gut gefüllt, laut und emotional, wie eigentlich immer.

In der ersten Hälfte eiferte Abwehrspieler Romain Bregerie Torwart Benjamin Kirsten nach, der kurz zuvor eine tolle Parade gezeigt hatte. Den fälligen Handelfmeter von Alban Meha hielt Kirsten. Die Fans feierten ihn.

Als Dynamo durch zwei Tore von Tobias Müller kurz vor dem Ende des Spiels mit 2:1 führte, war ein Sieg bereits greifbar, doch kurz vor Spielende gab es erneut einen Elfmeter. Es knisterte. Die Möglichkeit, gleich Zeuge von etwas ganz Besonderem zu werden, war spürbar. Diesmal durfte sich Mahir Sağlık an Kirsten versuchen und fand in ihm seinen Meister. Das Stadion tobte. Die Chancen, dass das noch gut ausging, blieben intakt.

Noch nie zuvor war es einem Torhüter in der 2. Bundesliga gelungen, in einem Spiel gleich zwei Elfmeter zu halten. Später gelang dies Felix Wiedwald für Duisburg und Martin Männel für die Mannschaft, „deren Name nicht genannt werden darf".

Die Saison 2012/13 war das Spieljahr im Leben des Dresdner Torwarts. In der Hinrunde hielt er im Spiel gegen Duisburg einen Elfmeter. Am letzten Spieltag brachte er auch noch den Regensburger Francky Sembolo um sein sicheres Strafstoßtor. Am Saisonende wurde er im Kicker-Fachmagazin zum notenbesten Spieler der Saison gekürt.

Dennoch musste die Sportgemeinschaft nachsitzen. In der Relegation war, wie bereits zwei Jahre zuvor, der VfL Osnabrück der Gegner.

Im Hinspiel an der „Bremer Brücke" betätigte sich Romain Bregerie erneut als passabler Handballspieler. Fand der Schiedsrichter nicht so gut und zeigte auf den Elfmeterpunkt. Das fünfte Mal im vierten Spiel. Einzig der Aalener Leandro blieb gegen Kirsten erfolgreich. Diesmal durfte sich Timo Staffeldt an dem wie immer in grün spielenden Elfmetertöter die Zähne ausbeißen, wodurch es beim 0:1 blieb.

Letztendlich erreichte die Mannschaft gemeinsam in einem wahren Krimi mit 2:0 im Rückspiel doch noch den Klassenerhalt. Peter Pacult schaffte in seinem zweiten Versuch den Klassenerhalt mit Dynamo und wurde, wie es für die Sportgemeinschaft typisch ist, noch am Abend des Triumphes infrage gestellt und vier Spieltage nach Beginn der neuen Saison entlassen.

Benjamin Kirsten „ist grün und hält Elfmeter", hier gegen Osnabrücks Timo Staffeldt.

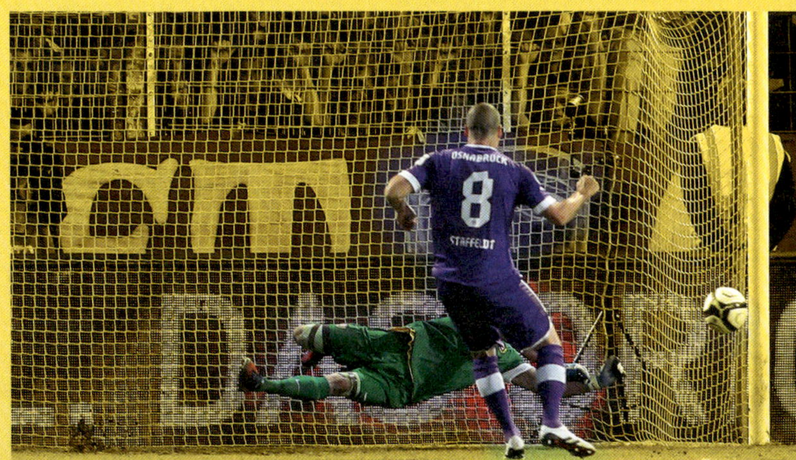

„Gut“ gegen „Böse“

Jahrelang versuchte die Sportgemeinschaft Dynamo, RB Leipzig aus dem Weg zu gehen. 2009 gegründet, zog das von Red Bull in Österreich gesteuerte Fußball-Unternehmen zuerst über regionale sächsische Sportplätze, später durch überregionale deutsche Stadien. Inzwischen treten sie in europäischen Arenen auf, jede sich bietende Werbeplattform nutzend, sich zu verkaufen. Mitglieder sind Fehlanzeige, Mitbestimmung und Teilhabe durch Fans ebenfalls. Der Kontrast zu einem mitgliedergeführten Verein wie Dynamo Dresden, der immer wieder tief fiel und genauso häufig aufstand, könnte größer nicht sein.

2011 gab es im Halbfinale des Sachsenpokals ein erstes und nicht zu verhinderndes Aufeinandertreffen zwischen Kommerz und Tradition. Es ist in Vergessenheit geraten, denn niemanden, der es mit den schwarz-gelben Farben hielt, interessierte es. Dynamo steckte alle Energie in das zwei Tage später stattfindende Relegationsspiel um den letzten freien Zweitligaplatz gegen den VfL Osnabrück. Die Qualifikation für den DFB-Pokal war zuvor über den Tabellenplatz gesichert worden. Das Spiel war wertlos.

So trat zum Spiel eine zusammengewürfelte Mannschaft aus „in Ungnade Gefallenen“, Verletzten ohne Spielpraxis, Anschlusskaderspielern und A-Jugend-Spielern an. Sie schlugen sich wacker. So viel vorerst zum Sportlichen.

In einer Fan-Charta wurden 2013 Regeln, an die sich Vereinsmitarbeiter und Fans zu halten hatten, festgelegt. Wichtigster enthaltener Punkt darin war, dass jeder spielerische Kontakt zum Brauseimperium von Dietrich Mateschitz, der zu verhindern sei, nicht stattzufinden habe.

Aber bereits 2014 drohten Pflichtspiele. Dynamo Dresden spielte eine unterirdische Zweitligasaison, gewann ganze fünf Spiele und trennte sich 17 weitere Male Unentschieden. Im letzten Saisonspiel gegen den direkten Konkurrenten Arminia Bielefeld, als ein Remis gereicht hätte, verlor die Mannschaft und stieg mit vielen Nebengeräuschen in die 3. Liga ab. Der einzig positive Nebeneffekt war: Rasenballsport Leipzig stieg parallel auf und der schwarz-gelbe Anhang durfte sich auf Mannschaften mit Geschichte(n) freuen.

Anstatt gleich den Aufstieg anzuvisieren, blieb Dynamo konsequent und vorsichtshalber zwei Jahre in der Drittklassigkeit, denn auch die spielende Werbeplattform legte eine Ehrenrunde ein, ehe der eingeplante Bundesligaaufstieg klappte.

2016 dann der Supergau. Pokalauslosungen waren überwiegend schöne Momente in Dresden. 2011 Leverkusen, 2014 Schalke 04 und Bochum. Wer hatte noch nicht und wollte es diesmal versuchen? Doch in der ersten Pokalrunde wurde ausgerechnet das Duell „Emotion gegen Klatschpappe" ausgelost. Freude bei denen, die nichts mit beiden Vereinen zu tun hatten, eingeschlafene Gesichter in Dresden, Bauchgrummeln gut 100 Kilometer nordwestlich.

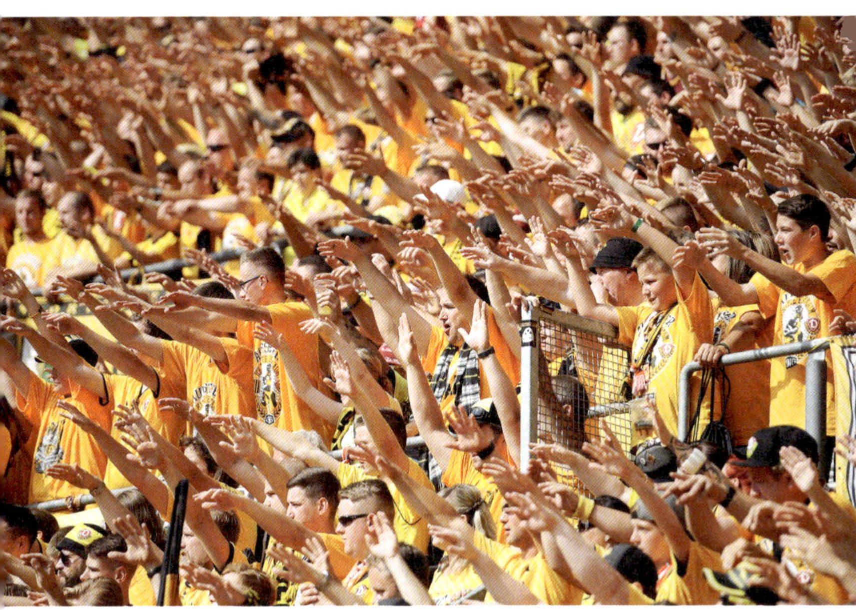

Protest gegen den ungeliebten Gegner aus Leipzig: Dresdner Fans als „Sportgemeinschaft"

Es folgten die gegenseitigen Pikser und psychologischen Spielchen. Der Dresdner Sportgeschäftsführer und Fußballgott der 80er Jahre, Ralf Minge, erklärte deutlich, was ein „Derby“ sei und was eben nicht. Rund um die Spieltagsvorbereitung gelang es dem dynamischen Social-Media-Team, vollständig auf das Wappen des ungeliebten Gastes zu verzichten.

Auch die Fans machten mobil. „Alle in Gelb“ war der Aufruf – und alle erschienen in Gelb.

Im Stadion war es schon vor dem Anpfiff laut. Aus dem K-Block war das vielleicht keine große Überraschung, aber an diesem Nachmittag bebten auch alle anderen Tribünen. Sie erwiesen sich, anders als andere Stadien an der Elbe, als äußerst hüpfsicher. Es blieb laut nach dem 0:1 und auch nach dem 0:2 wurde es nicht ruhiger.

Außerdem lag Leverkusen in der Luft. Stefan Kutschke übernahm gleich zwei Rollen an diesem Pokaltag, die von Robert Koch und Alexander Schnetzler, welche fünf Jahre zuvor Geschichte schrieben.

Der Ur-Dresdner, der nicht wie andere Spieler des Vereins in den Nullern in die falsche Bahn ein- und beim Dresdner SC wieder ausgestiegen war, sondern der wiederholt immer wieder falsch umstieg, ehe er doch noch Teil der Sportgemeinschaft wurde, setzte sich in diesem Spiel sein Denkmal. Seine beiden Tore brachten Dynamo in die Verlängerung. Als er kurz vor dem regulären Spielende ausgewechselt wurde, brandete Applaus auf. Die Mehrheit der Fans hatte spätestens da ihren Frieden gemacht mit jenem Spieler, der Jahre zuvor Bestandteil der Gäste-Elf war.

Am Ende entschied das Elfmeterschießen. Wie ziemlich genau fünf Jahre zuvor, als spätestens mit dem 3:3 sicher war, wer am Ende gewinnen würde, war auch an diesem Tag beim Vergleich „Mehrweg gegen Einweg“ vor den letzten Duellen zwischen Schützen und Torhütern klar, wer jubeln würde.

Der 20. August 2016 schweißte die Sportgemeinschaft mehr zusammen als jede präventive Aktion es vermocht hätte.

Dr. Jekyll und Mr. Hyde

Mit Teilen der Dresdner Fanszene ist es wie mit Dr. Jekyll und Mr. Hyde. Mal taucht der eine auf, dann lässt der andere die Sau raus. Dass sie zusammengehören, ist unvorstellbar.

Die Gruppierung der Ultras, eine Fanvereinigung, die sich in den Jahren der dynamischen Trostlosigkeit als Zusammenschluss mehrerer Fangruppierungen gründete, polarisieren den eigenen Anhang. Sie werden geliebt oder verdammt.

War es anfangs das losgelöste sich selbst Feiern, als es nicht wirklich Grund dafür gab, wurde es in den folgenden Jahren, als die Zuschauerzahlen stiegen, etwas herausfordernder, die Stimme im Stadion zu bleiben. Im neuen Dynamostadion sah es die aktive Fangemeinschaft als ihre Aufgabe an, lauter und kreativer zu sein als der gegnerische Anhang. Doch während der kreative Dr. Jekyll sich inzwischen vorwiegend im Stadion aufhält, kann er nicht ohne den tumben Mr. Hyde, dessen Revier sich außerhalb befindet.

Es folgen einige Beispiele für das Werk der beiden.

2006 eröffneten die Ultras gegenüber Geschäftsführer Volkmar Köster den Plan, gegen Magdeburg ein blau-weißes Schwein durchs Stadion laufen zu lassen. Er wurde abgelehnt.

Am Sonntag, den 25. Februar 2007, suchten nach einer Heimniederlage gegen den VfL Osnabrück etwa 50 Vermummte die Mannschaft auf, beschimpften und bedrohten sie. Ob dabei ein Schuss aus einer Schreckschusspistole abgegeben wurde, wie die Presse berichtete, oder ein Feuerwerkskörper detonierte, ist nebensächlich. Die Mannschaft hatte Angst vor den eigenen Fans.

In der Nacht vom 2. zum 3. November 2008 wurden auf dem Trainingsplatz der Mannschaft elf Gräber in Mannschaftsformation ausgehoben.

Am 15. September 2012 verschlüsselte die aktive Fangemeinschaft ihre lang anhaltende Kritik am DFB im Heimspiel gegen den SV Sandhausen. Statt der immer gleichen Banner, für die stetig der Verein zahlen musste, wurde an diesem Tag ein Kussmund mit der Botschaft „Mag dich, DFB!“ enthüllt.

Am 11. Mai 2014 zeigten sich dann erstmals der Doktor und der Mister kurz nacheinander. Vor dem alles entscheidenden letzten Saisonspiel gegen Arminia Bielefeld versammelten sich die Fans vor dem Stadion und standen Spalier für die im Bus ankommende Dynamomannschaft. Es wurde geklatscht, gesungen und sich auf das gemeinsame wichtige Spiel eingeschworen. Dieses musste in der zweiten Hälfte aufgrund von Ausschreitungen unterbrochen werden. Als es zu Ende und Dynamo abgestiegen war, wurde über den gesamten K-Block ein Banner entrollt, auf dem „Ihr habt eine Stunde Zeit, die Stadt zu verlassen“ stand. Wem die Drohung galt, war in diesem Moment nicht eindeutig.

Der 31. Oktober 2015 erhob sich zu einem ganz besonderen Moment der dynamischen Geschichte. Eine Stadionfahne – aus mehr als 12.000 Quadratmetern Stoff entstanden – wurde vor

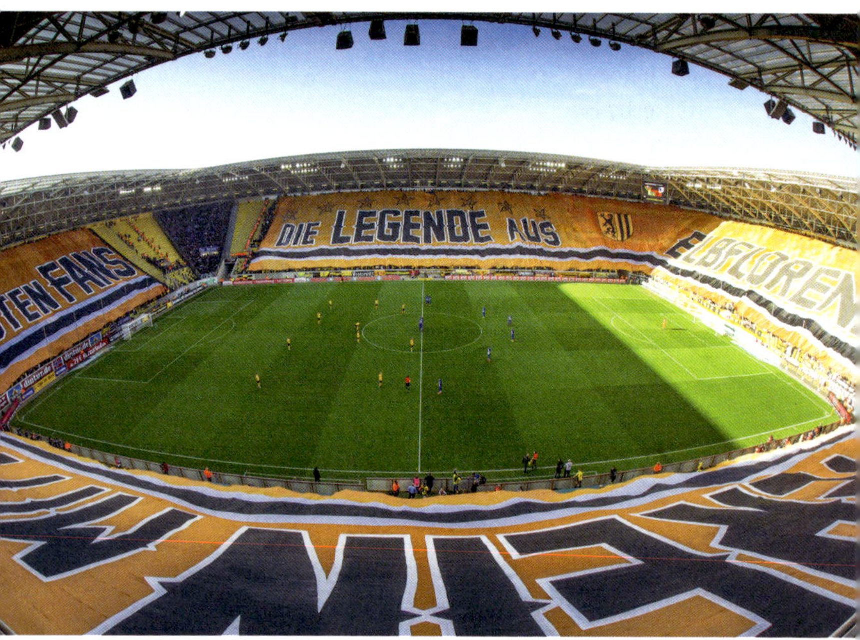

„Die Legende aus Elbflorenz, der Verein mit den besten Fans“

dem Punktspiel gegen den 1. FC Magdeburg gleichmäßig über alle Blöcke vom Boden bis zum Stadiondach emporgehoben und verhüllte das ganze Stadion. Minutenlang wehte der Stoff über den Köpfen des stolzen Vereins. Einzig der Magdeburger Anhang stand wie bestellt und nicht abgeholt in seinem Gästeblock und durfte nicht mitspielen. Das Spiel endete 3:2 für die SGD, ein denkwürdiger Nachmittag.

Am 30. April 2016 schwebte während des Spiels gegen Erzgebirge Aue plötzlich ein heliumgefülltes lila Schwein durchs Stadion. An einer Leine wurde es durchs Stadion geführt. Selbst Aue lachte, nur der DFB blieb humorlos. Neben einer Strafe wurde dem Schwein gleich noch fürs kommende Derby Hausverbot erteilt.

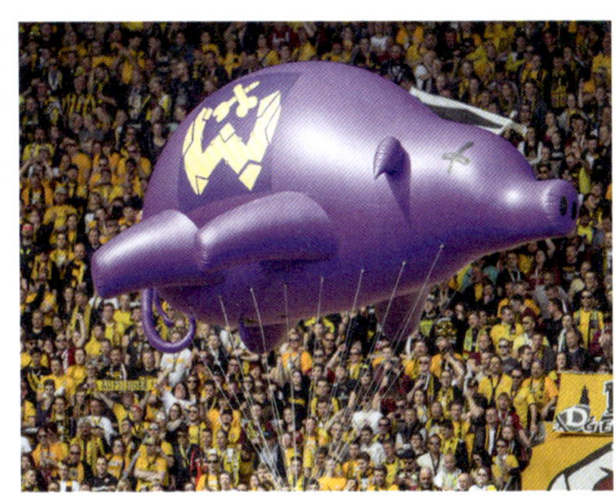

Kein einfaches Leben:
das Lila Schwein vorm K-Block

Am 20. August 2016 besiegte Dynamo Dresden den favorisierten Leipziger Emporkömmling. Friede, Freude, Eierkuchen? Mitnichten! Während des Spieles wurde ein abgetrennter Bullenkopf vom K-Block ins Stadioninnere geworfen. Der K-Block wurde daraufhin vom DFB für ein Spiel gesperrt. Zusätzlich musste der Verein mal wieder ein Bußgeld bezahlen.

Dr. Jekyll und Mr. Hyde sind enger miteinander verwachsen, als Dynamo Dresden das zugeben möchte. Die Sportgemeinschaft muss sich mit beiden arrangieren. Versucht sie, Hyde loszuwerden, wird sie Jekyll verlieren.

Das Quiz für echte Dynamo-Experten

1. In der Saison 2002/03 absolvierte Abdelaziz Ahanfouf 14 Regionalligaspiele für Dynamo. Wie viele Rote Karten erhielt er dabei?

a) eine Rote Karte
b) zwei Rote Karten
c) drei Rote Karten

2. In welchen Spielzeiten gelang Dynamo Dresden sein Meistertriple?

a) 1975/76, 1976/77, 1977/78
b) 1970/71, 1971/72, 1972/73
c) 1988/89, 1989/90, 1990/91

3. Welches Kunststück gelang Hans-Jürgen Kreische 1972/73 nicht?

a) Torjägertriple (1970/71, 1971/72, 1972/73)
b) 26 Saisontore in 25 Saisonspielen
c) Gewinn der Meisterschaft und des FDGB-Pokals mit Dynamo Dresden

4. Gegen welche europäische Mannschaft spielte Dynamo Dresden am häufigsten im Europapokal?

a) FC Liverpool
b) VfB Stuttgart
c) Ajax Amsterdam

5. Wie oft war Hans-Jürgen Dörner Fußballer des Jahres in der DDR?

a) einmal
b) dreimal
c) fünfmal

6. Welchen einmaligen Auswärtsrekord stellte Dynamo Dresden in der Saison 2001/02 auf?

a) keine Niederlage in allen gewerteten Spielen
b) Alle gewerteten Spiele wurden gewonnen.
c) kein Gegentor in allen gewerteten Spielen

7. Welchen einmaligen Heimrekord stellte Dynamo in der Saison 1968/69 auf?

a) Bis zum letzten Saisonheimspiel blieb Dynamo ohne Gegentor.
b) Nach dem ersten Saisonspiel blieb Dynamo bis Saisonende ohne Gegentor.

c) Dynamo blieb über die gesamte Saison zu Hause ohne Gegentor.

8. Sylvano Comvalius bekam in der Saison 1014/15 eine der außergewöhnlichsten gelb-roten Karten. Wofür?

a) Trikot ausziehen und Eckfahne zertreten nach einem Tor
b) Eckfahne zertreten und in den Fanblock springen nach einem Tor
c) Trikot ausziehen und in den Fanblock springen nach einem Tor

9. Wer hütete nicht das Tor von Dynamo Dresden?

a) Axel Keller
b) Detlef Zimmer
c) Claus Boden

10. Welche außergewöhnlichen Verletzungen außerhalb des Spielfeldes gab es nicht bei Dynamo Dresden?

a) Thomas Bröker, Muskelfaserriss beim Umzug
b) Mirko Soltau, Schnittwunde beim Wechseln einer Glühbirne
c) David Solga, Wadenbeinbruch beim Skifahren

11. Welche besondere Karriere nach der Karriere wurde durch die genannten Dynamospieler nicht gestartet?

a) Marek Penksa, Zirkusartist
b) Ben Galliers, Musiker
c) Steffen Binke, Unterwasserfotograf

12. Welchen Titel bekam Volker Oppitz noch während seiner aktiven Laufbahn verliehen?

a) Doktor
b) Professor
c) Sir

13. Wer wurde 1990 erster Trikotsponsor bei Dynamo Dresden?

a) Quelle
b) Klingel
c) Otto

14. Wofür bekam Dynamo Dresden keinen Punktabzug?

a) Erschleichung der Lizenz 1993/94
b) Fanausschreitungen am 16. April 2001 gegen den VfB Leipzig
c) Einsatz des nicht spielberechtigten Spielers Jan Koziak am 28. Januar 2006 gegen den SC Freiburg

15. In welcher Stadt wurden in der Nacht vom 15. zum 16. Dezember 1972 die Torpfosten schwarz-gelb angestrichen?

a) Karl-Marx-Stadt
b) Magdeburg
c) Jena

16. Wer war für ein Spiel Maskottchen der SG Dynamo Dresden?

a) Giraffe
b) Löwe
c) Glückskäfer

17. Wer war zu Hause Dynamos Lieblingsgegner in der 1. Bundesliga?

a) Bayer Leverkusen
b) Schalke 04
c) Karlsruher SC

18. Welches ist der höchste Sieg in einem Pflichtspiel der SG Dynamo Dresden?

a) 5. September 1981, 10:1 gegen Chemie Buna Schkopau, DDR-Oberliga
b) 11. August 1984, 9:1 gegen Chemie Leipzig, DDR-Oberliga
c) 14. September 1985, 10:0 bei BSG Motor Werdau, FDGB-Pokal

19. Im wievielten Versuch gelang es Dynamo Dresden, erstmals in einem europäischen Halbfinalspiel (1989) anzutreten?

a) fünfter Versuch
b) sechster Versuch
c) siebter Versuch

20. Welche Vereinsfarben trug Dynamo in seiner Geschichte?

a) grün-weiß, weinrot-weiß, schwarz-gelb
b) weinrot-weiß, lila-weiß, schwarz-gelb
c) weinrot-schwarz, grün-weiß, schwarz-gelb

21. Wie viele Trainer waren (Stand 31. Dezember 2021) mehr als einmal als Trainer bei Dynamo angestellt?

a) fünf
b) sechs
c) sieben

22. Wie viele Spieler waren auch als Trainer bei Dynamo Dresden (Stand 31. Dezember 2021, nicht interimsweise!) angestellt?

a) acht
b) neun
c) zehn

23. Gegen welche Mannschaft verlor Dynamo 1:8 und erlebte dabei seine höchste Niederlage?

a) FC Bayern München
b) BFC Dynamo
c) 1. FC Köln

24. Wie viele Platzverweise gab es beim Kartenfestival von Dortmund, dem Spiel mit den meisten Platzverweisen in der Bundesliga, insgesamt?

a) fünf (dreimal gelb-rot, zweimal rot)
b) sechs (dreimal gelb-rot, dreimal rot)
c) sieben (dreimal gelb-rot, dreimal rot + Rot für den Dortmunder Trainer)

25. Welcher Dresdner Torwart wurde in einem Europapokalspiel als Stürmer eingewechselt?

a) Peter Meyer
b) Bernd Jakubowski
c) Ronny Teuber

26. Wie oft spielte Dynamo Dresden im Finale des FDGB-Pokals gegen den BFC Dynamo?

a) vier Mal
b) fünf Mal
c) sechs Mal

Quiz-Lösungen

1 c	10 c	19 b
2 a	11 a	20 a
3 c	12 a	21 c
4 a	13 b	22 b
5 b	14 c	23 c
6 b	15 a	24 a
7 a	16 c	25 b
8 c	17 b	26 a
9 b	18 c	

Zitate

„Wenn du vorne stehen willst, musst du mehr machen. Und du musst auf die Umgebung achten, auch auf die Mädels. Es kam schon vor, dass ich den Frauen gesagt habe, sie sind auch schuld, dass ihr Mann so einen Mist spielt."

Walter Fritzsch, Trainer von 1969-1978, nahm nie ein Blatt vor den Mund.

„Ich habe mir noch die Haare geföhnt!"

Helmut Schulte auf die Frage, weshalb er im Spiel gegen den FC Hansa Rostock am 19. Oktober 1991 nach der Halbzeitpause zu spät aus der Kabine kam und so das 0:1 durch Jens Wahl verpasste.

„Schulte in die Wüste – da ist immer Föhn"

Spruchband im nächsten Heimspiel am 25. Oktober 1991 im Dynamostadion

„Man weiß nie, was drin ist."

Sigfried Held erläutert im Sommer 1994 seine Meinung, dass in Dresden jede Saison wie eine Wundertüte sei.

„Ich kann aus Scheiße keine Bonbons machen!"

Hans-Jürgen Kreische erklärt im Frühjahr 1996 grundehrlich, dass der Verein mit ihm als Trainer keinen Alchimisten verpflichtet hat.

„Da brauchen´se von mir keine Einschätzung. Wissen´se, das kann jede Hausfrau erkennen, dass nur Fahnenstangen da auf dem Platz standen."

Eduard Geyer zeigt am 8. Mai 2008 nach einem 2:4 gegen Union Berlin sein „modernes" Rollenverständnis zwischen Mann und Frau.